4技能を伸ばそう！

うきうき
入門中国語

金縄　初美

単　　艾婷

王　　宇南

新谷　秀明

韓　　景旭

梅村　　卓

朝日出版社

音声ダウンロード

 音声再生アプリ「リスニング・トレーナー」（無料）

朝日出版社開発のアプリ、「リスニング・トレーナー（リストレ）」を使えば、教科書の音声をスマホ、タブレットに簡単にダウンロードできます。どうぞご活用ください。

まずは「リストレ」アプリをダウンロード

▶ App Store はこちら

▶ Google Play はこちら

アプリ【リスニング・トレーナー】の使い方

❶ アプリを開き、「**コンテンツを追加**」をタップ

❷ QRコードをカメラで読み込む

❸ QRコードが読み取れない場合は、画面上部に 45381 を入力し「Done」をタップします

QRコードは㈱デンソーウェーブの登録商標です

Webストリーミング

音声 http://text.asahipress.com/free/ch/ukiuki

動画 http://text.asahipress.com/free/ch/ukiukiv

◆本テキストの音声は、上記のアプリ、ストリーミングでのご提供となります。
本テキストにCD・MP3は付きません。

はじめに

　本テキスト『うきうき入門中国語』は、中国語をはじめて学ぶ人を対象に作られた週2コマ用のテキストです。週2コマのうち、1コマは「講読編」で、もう1コマは「会話編」で学ぶように編まれています。第1課から第5課までは「発音編」で、繰り返し練習することによって中国語の基礎となる発音をしっかりと身に付けることができるよう、2つのタイプの練習問題を用意しています。第6課から第24課は「講読編」と「会話編」に分け、同じ学習内容を「講読中心」と「会話中心」の異なるアプローチから学ぶことにより、「読む」「書く」「聞く」「話す」の4つの技能を確実に身に付け、中国語の基礎をバランスよく学ぶことができることができる構成になっています。

　それぞれの内容は、用語や説明も統一されているため、「講読編」「会話編」どちらが先行しても支障はありません。

　本書の構成は次の通りです。

1. **「発音の基礎」＋「練習A」／「練習B」**（第1課～第5課）
　ピンインを集中的に学び、発音の基礎を身に付けます。
　「講読編」のクラスでは「練習A」で発音練習を行い、「会話中心」のクラスでは「練習B」で発音練習を行うことで基礎的な発音の定着を目指します。

2. **「講読編」**（第6課～第24課）
　①**新出単語**：単語の意味を理解し、発音を練習します。
　②**本文**：日本人学生と中国人留学生のキャンパス生活と交流、上海への留学、留学後の交流や友達へのメールなどの文章を読みます。
　③**文法ポイント**：本文に出てくる文法のポイントを学び、文型をマスターします。
　④**練習問題**：並べ替えや中国語訳の練習問題を通じて、文法を確実に身に付けます。

3. **「会話編」**（第6課～第24課）
　①**新出単語**：単語の意味を理解し、発音を練習します。
　②**会話文**：キャンパスで知り合った日本人学生と中国人留学生の2人をめぐる物語を中心にストーリーが進みます。会話を楽しみながら、初心者が覚えやすい長さの文で学び、会話力を身に付けます。
　③**文法ポイント**：簡潔な文法説明で、文型をマスターします。
　④**練習問題**：リスニング問題やワードリストを使った会話練習を通じて、総合的にリスニング力と表現力を強化します。

　会話編には映像教材を用意しています。作成してくださった朝日出版社、並びに出演者の方々に感謝申し上げます。

　刻一刻と変わりゆく現代社会に暮らす私たちにとって、さまざまなシチュエーションで多様な文化とふれ合う機会が増えています。その中でも中国語は、キャンパスや街中で耳にすることが多く、身近な存在だといえます。本テキストは入門の段階から、基礎的な中国語を読み、身近な会話文を練習することで、中国語でのメールや会話を通じて友人や知人とコミュニケーションが取れるようになることを考えて作りました。本テキストでの学びを通じて、中国語を読み、書き、話す、聞く楽しさを知ってもらえることを願っています。

著者

目 次

第1課 発音の基礎 (1)

1 表記の法則

子音
b、p、m、zh、ch、sh など音節の頭につく音。

声調 (四声)
中国語にはそれぞれの漢字に固有の声調がある。第一声から第四声まであるので四声ともいう。そのほかに短く軽く発音する軽声がある。

ピンイン (拼音)
中国語の発音を表記する記号。アルファベットを用いる。

Hànyǔ
汉语

母音
単母音、複母音があり、鼻音〈n〉または〈ng〉を伴う場合もある。

簡体字
中国では簡略化された漢字を用いている。"汉"は「漢」の、"语"は「語」の簡体字。

2 声調 🔊1

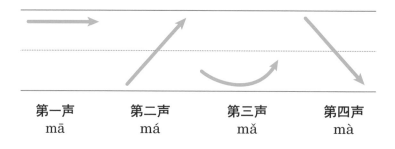

第一声	第二声	第三声	第四声
mā	má	mǎ	mà

第一声　高く平らにのばす。

第二声　急に高く上げる。

第三声　ゆっくり、低く押さえる。(単独で発声されるときのみ末尾を上げる)

第四声　高いところから急に下げる。

3　軽声　🔊 2

　軽声は、第一声から第四声の音のあとに付く短い音です。前の音によって軽声の高さは異なります。

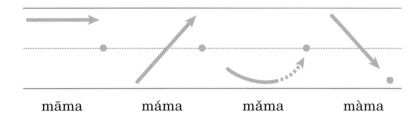

| māma | máma | mǎma | màma |

 ma の音だけで構成される文

Māma	mà	mǎ.
妈妈	骂	马。
お母さん	罵る	馬　→お母さんが馬を罵る。

4　単母音　🔊 3

| a　o　e　i　u　ü　er |

	a	口を大きく開けて「アー」。
	o	口を丸く突き出して「オー」。
	e	口を自然に開き、「エ」を出す形で「オ」を出す。
	i	唇を横に引き「イー」。
	u	口を丸く突き出して「ウー」。
	ü	口を小さくすぼめ、「ウ」の形で「イ」と言うつもりで。
	er	e の音から舌をそり上げる。

※子音が付かない時には、次のように表記されます。

　　a、o、e、er → そのまま書く
　　i → yi
　　u → wu
　　ü → yu

練習 A

発音練習 ① ◀)) 4

ā	á	ǎ	à		à	á	ā	ǎ
ō	ó	ǒ	ò		ó	ò	ǒ	ō
ē	é	ě	è		ě	è	ē	é
ēr	ér	ěr	èr		ēr	èr	ěr	ér
yī	yí	yǐ	yì		yǐ	yí	yī	yì
wū	wú	wǔ	wù		wú	wǔ	wù	wū
yū	yú	yǔ	yù		yù	yū	yǔ	yú

発音練習 ② ◀)) 5

āyí（阿姨）　　　　éyǔ（俄语）　　　　èyú（鳄鱼）

yìwù（义务）　　　　wǔyì（武艺）

練習 B

1　発音を聞いて、読まれたものに○をつけましょう。　🔊 6

(1) ǎ　　á　　　(2) yí　　yì　　　(3) wù　　wú　　　(4) ó　　ō

(5) wǔ　　yǔ　　(6) ē　　ēr　　(7) yī　　yū　　(8) ò　　è

2　発音を聞いて、声調符号をつけ、自分で発音してみましょう。　🔊 7

(1) e　　　　(2) yi　　　(3) a　　　(4) wu

(5) o　　　　(6) yu　　　(7) er

3　発音を聞いて、音節を書き取り、自分で発音してみましょう。（例：ē、yí）　🔊 8

(1) (　　　　)　(2) (　　　　)　(3) (　　　　)　(4) (　　　　)

(5) (　　　　)　(6) (　　　　)　(7) (　　　　)　(8) (　　　　) (　　　　)

発音の基礎 (2)

1 子音 🔊9

	唇音	舌尖音	舌根音	舌面音	そり舌音	舌歯音	
	b(o)	d(e)	g(e)	j(i)	zh(i)	z(i)	無気音
	p(o)	t(e)	k(e)	q(i)	ch(i)	c(i)	有気音
	m(o)	n(e)	h(e)	x(i)	sh(i)	s(i)	
	f(o)	l(e)			r(i)		

＊（　　　）の中は基本とする母音

◆ 唇音（唇を使って出す音）

> b　p　m　f

b　バ行とパ行の中間程度の音をゆっくり出す。

p　一瞬唇を閉じ息を止めた感じを作ったあと、唇を開くと同時に勢いよく息を出す。
（強く息をはくのではなく、瞬間的に勢いよく）

m　日本語のマ行とほぼ同じ。

f　英語のfの要領で下唇を少しかむ。

※子音bを「無気音」、pを「有気音」と言います。息を抑えてゆっくり音を出すのが無気音、勢いよく息を出すのが有気音。このあとに出てくるd/t、g/k、j/q、zh/ch、z/cもそれぞれ無気音と有気音の関係になります。

◆ 舌尖音（舌先を使って出す音）

> d　t　n　l

d　ダ行とタ行の中間程度の音をゆっくり出す。

t　舌先を歯の裏につけて一瞬息を止めたあと、勢いよく息を出す。

n　日本語のナ行とほぼ同じ。

l　英語のlと同じ。

◆ 舌根音（舌の根元とのどの奥を使って出す音）

> g　k　h

g　ガ行とカ行の中間程度の音をゆっくり出す。

k　舌の根元と上あごで一瞬息を止めたあと、勢いよく息を出す。

h　日本語のハ行よりももっとのどの奥から音を出す。寒いときに「ハーッ」と手に息を吹きかけるときの要領。

◆ 舌面音（舌面を使って出す音）

> j　q　x

j　「ジ」と「チ」の中間程度。

q　「チ」よりも勢いよく息を出す。

x　「シ」とだいたい同じ。

※ j、q、x につく u は ü の音

　舌面音 j、q、x に ü の母音を伴う時には、上の点を省略して ju、qu、xu と書きます。本来の u は舌面音には付かないのでこのことで混乱は生じません。

◆ そり舌音（舌先をそらせて出す音）

> zh　ch　sh　r

そり舌音の舌の位置

zh　まず舌をそらせて、舌先を上あごの前方の歯に近いところにつける。次に上あごと舌先の間からゆっくりと、「チ」と言うつもりで息を出す。音が出たあと舌先は上あごから離れる。日本語の「リ」の舌の動きとよく似ている。

ch　zh と同じ舌の形で勢いよく息を出す。

sh　舌先と上あごの間に少しすきまを開け、勢いよく息を出す。

r　舌先と上あごがつくかつかないかの微妙な位置で、舌先を震わせるようにゆっくり息を出す。

※そり舌音につく単母音 i は、あまり口を横に引かず、自然に出る音になります。

◆ 舌歯音（舌先と歯を使って出す音）

ぜっし

| Z | C | S |

z　舌先と歯の裏をつけ、ゆっくり息を出す。

c　勢いよく息を出す。

s　舌先と歯の裏の間にすきまを開け、勢いよく息を出す。

※単母音 i の変化

　単母音 i は、そり舌音 zh、ch、sh、r に付く時と舌歯音 z、c、s に付く時、それぞれ本来の「i」とは違った音になりますので注意が必要です。

練習 A

◖ 発音練習 ❶　　　　　　　　　　　　　　　　　　　　　　　　　🔊 10

(1)　bō / pō　　bā / pā　　bū / pū　　bī / pī

　　　dē / tē　　dā / tā　　dū / tū　　dī / tī

(2)　gē / kē　　gū / kū　　hē / hū

　　　jī / jū　　qī / qū　　xī / xū

(3)　zhī / chī　　zhā / chā　　zhē / chē　　zhū / chū

　　　shī / rī　　shē / rē　　shū / rū

(4)　zī / cī　　zū / cū　　sī / sū

　　　zā / cā　　zē / cē　　sā / sē

◖ 発音練習 ❷　　　　　　　　　　　　　　　　　　　　　　　　　🔊 11

(1)　bù（不）　pù（铺）　má（麻）　fā（发）

　　　dǎ（打）　tā（他）　ná（拿）　lā（拉）

(2)　gē（歌）　kè（课）　hē（喝）　jǐ（几）　qù（去）　xǐ（洗）

(3)　zhǐ（纸）　chá（茶）　shì（是）　rè（热）　zá（砸）　cí（词）　sì（四）

練習 B

1 　発音を聞いて、読まれたものに○をつけましょう。　　🔊 12

(1) cē　　chē　　　(2) bù　　dù

(3) fā　　huā　　　(4) sǐ　　sǔ

(5) rè　　lè　　　(6) jū　　jī

(7) chī　　qī　　　(8) shǎ　　sǎ

(9) sí　　xí

2 　発音を聞いて、子音を書き取り、自分で発音してみましょう。　　🔊 13

(1) 驴
_____ǘ

(2) 猪
_____ū

(3) 虎
_____ǔ

(4) 鹿
_____ù

(5) 蛇
_____é

(6) 蜘蛛
_____ī_____ū

(7) 蚂蚁
_____ǎ_____ǐ

(8) 兔子
_____ù_____i

 あいさつをしてみましょう。　🔊 14

Nǐ hǎo!　　你好!　　こんにちは。

Nǐmen hǎo!　你们好!　みなさんこんにちは。

発音の基礎 (3)

1 複母音 🔊 15

ai	ei	ao	ou	
ia	ie	ua	uo	üe
iao	iou(-iu)			
uai	uei(-ui)			

※ ei、ie、uei の e は単母音の e と異なり「エ」に近い発音になります。

※ iou と uei は前に子音がつくと、真ん中の o や e が弱くなり、表記上 o や e は省略され、iu、
ui となります。

※子音が付かない時には、次のように表記されます。

  ai、ei、ao、ou → そのまま書く

  ia → ya ie → ye

  ua → wa uo → wo

  iao → yao iou → you

  uai → wai uei → wei

  üe → yue

2 声調符号の位置

　声調記号は母音の上につけます。複母音に声調符号をつけるときには、次のような優先順位があります。

① aがあればaの上につける。

　　例：bā　cái　gǎn　làng

② aがなければoまたはeの上につける。（oとeが両方あることはない）

　　例：huō　léi

③ uとiしかなければ後のほうにつける。

　　例：huì　liú

湘菜

川菜

鲁菜

徽菜

苏菜

浙菜

闽菜

粤菜

練習 A

発音練習 ① 🔊 16

(1) ài（爱） éi（欸） áo（熬） ōu（欧）

(2) yá（牙） yè（叶） yáo（摇） yǒu（有）

(3) wā（挖） wǒ（我） wāi（歪） wèi（喂）

(4) bāo（包） pái（排） mǎi（买） fēi（飞） duō（多） tóu（头）

(5) gāo（高） kāi（开） hēi（黑） jiā（家） qiū（秋） xiǎo（小）

(6) zhǎo（找） chōu（抽） shòu（瘦） ròu（肉） zǒu（走） cuò（错）

発音練習 ② 🔊 17

(1) áoyè（熬夜） wàiyī（外衣） yōuyì（优异） yǒuyì（友谊）
wéiyī（唯一）

(2) bàozhǐ（报纸） pǎobù（跑步） Měiguó（美国） fùxí（复习）
dàjiā（大家） tiàowǔ（跳舞） niúnǎi（牛奶） lǎoshī（老师）

(3) guójiā（国家） kāfēi（咖啡） hǎochī（好吃） jièshào（介绍）
qìchē（汽车） xuéxiào（学校）

(4) zháojí（着急） chēpiào（车票） shǒujī（手机）
Rìyǔ（日语） zúqiú（足球） cèsuǒ（厕所） suǒyǒu（所有）

練習 B

1 発音を聞いて正しい表記に○をつけましょう。 🔊 18

(1) jué jüé (2) zhuèi zhuì (3) xiǔ xǐu (4) iǔ yǒu

(5) lióu liú (6) tuō tōu (7) jià jà (8) yè iè

(9) huò hòu (10) zǎo zǒu (11) huā hā (12) cāi zāi

2 発音を聞いて、声調符号をつけ、自分で発音してみましょう。 🔊 19

(1) lao (2) bie (3) tou (4) niu (5) hua

(6) guojia (7) jiejie (8) liushou (9) kaihui (10) yaoguai

3 発音を聞いて、母音を書き取り、自分で発音してみましょう。 🔊 20

(1) d‾____ (2) j´____ (3) x`____ (4) mˇ____ (5) h‾____

(6) d`__x´__  (7) b‾__gˇ__  (8) k`__f‾__ (9) j`__sh`__ (10) x`__x`__

 あいさつをしてみましょう。 🔊 21

Xièxie.　谢谢。　ありがとう。

Bú kèqi.　不客气。　どういたしまして。

発音の基礎 (4)

1 n と ng を伴う母音 🔊 22

前鼻音 (-n)		後鼻音 (-ng)		
an	en	ang	eng	ong
ian	in	iang	ing	iong
uan	uen(-un)	uang	ueng	
üan	ün			

※ (-un) は頭に子音が付いた時の表記。

　日本語で「アンナイ」と言うとき「ン」のように舌先を前歯の裏に当てながら息を止める「ン」が"n"、「アンガイ」と言うときの「ン」のように舌を奥に引き、のど奥で息を止めて、鼻から抜けるように発音するのが"ng"です。

　"n"と"ng"にはこのように基本的な区別がありますが、前につく母音の発音"n"と"ng"の違いによって微妙に影響されます。次に個々の母音について、"n"と"ng"の違いを意識しながら練習しましょう。

※子音が付かない時には、次のように表記されます。(ong には必す子音がつきます)

　　an、ang、en、eng→ そのまま書く

　　in 　→ yin　　　 ing 　→ ying

　　ian →yan　　　 iang →yang

　　uan →wan　　　 uang →wang

　　uen →wen　　　 ueng →weng

　　ün 　→ yun　　　 üan 　→ yuan

　　iong →yong

an	あまり大きく口を開けない。
ang	an より大きく口を開けて、鼻から息が抜ける感じで。
en	「エン」に近い音。
eng	単母音の e の音 (エとオの中間程度) を出して ng につなぐ。
-ong	口をやや丸くして、「オン」に近い音を出す。
ian	a は「エ」に近くなり、「イェン」と言う感じで。
iang	口を大きく開けて、「イアン」と言う感じで。
in	口をしっかり横にひっぱり「イン」と発音する。
ing	in より少し口の力を抜き、鼻から息が抜ける感じで。
iong	i を発音したあと ong と続ける。
uan	口をあまり大きく開けず「ウァン」と発音する。ただし「ァ」は「ェ」に近い音。
uang	口を大きく開けて、「ウアン」と発音し、鼻から息を抜く。
uen (-un)	「ウェン」と言う感じで発音する。ただし子音が前につくと un とつづり、発音も真ん中の e は軽くなる。
ueng	単母音の e の音で、「ウォン」と言う感じで。
ün	ü を発音したあとすぐ n。
üan	ü を発音したあと an。

4

練習 A

発音練習 ❶　🔊 23

(1)　bān(班) − bāng(帮)　　dàn(淡) − dàng(当)　　gān(干) − gāng(刚)

　　gēn(根) − gēng(耕)　　hèn(恨) − hèng(横)　　chén(沉) − chéng(成)

(2)　gòng(共) − kòng(空)　　zhōng(中) − chōng(冲)　　yán(盐) − yáng(阳)

　　mín(民) − míng(名)　　nín(您) − níng(凝)　　xīn(新) − xīng(星)

(3)　wán(玩) − wáng(王)　　guān(关) − guāng(光)　　kuān(宽) − kuāng(筐)

　　wēn(温) − wēng(翁)　　yuán(元) − yún(云)　　juān(捐) − jūn(军)

発音練習 ❷　🔊 24

(1)　xīngqī(星期)　Zhōngguó(中国)　zhōngwǔ(中午)　fāngbiàn(方便)

　　tāmen(她们)　fángjiān(房间)　yínháng(银行)　yóuyǒng(游泳)

(2)　ránhòu(然后)　péngyou(朋友)　dǎgōng(打工)　yǔyán(语言)

　　wǔfàn(午饭)　zěnme(怎么)　Shànghǎi(上海)　zhàoxiàng(照相)

練習 B

1 発音を聞いて、読まれたものに○をつけましょう。 🔊 25

(1) bēn – bēng   (2) dèng – dòng   (3) xiān – xuān

(4) chén – chéng   (5) mèn – mèng   (6) jīn – jīng

(7) rén – réng   (8) yàn – yàng   (9) zēn – zēng

(10) yín – yíng   (11) lín – líng   (12) nián – niáng

2 発音を聞いて、母音を書き取り、自分で発音してみましょう。 🔊 26

(1) G(ˇ) zhōu   (2) H(´) zhōu   (3) Y(´) n(´)
　　广　　　州　　　　　　杭　　　州　　　　　　云　　　南

(4) Rì b(ˇ)   (5) D(ˉ) j(ˉ)   (6) Zh(ˉ) guó
　　日　本　　　　　　东　　　京　　　　　　中　　　国

(7) X(ˉ) g(ˇ)   (8) Fú g(ˉ)   (9) Q(ˉ) dǎo
　　香　　　港　　　　福　冈　　　　　　青　　　岛

🐦 あいさつをしてみましょう。 🔊 27

Zài jiàn! 　　再见！ 　さようなら。

Míngtiān jiàn! 　明天见！ 　明日お会いしましょう。

発音の基礎 (5)

1 第三声の連続による声調変化　　　🔊 28

　第三声が連続する場合、最初の第三声が第二声で発音されます。ただし、声調記号はもとのまま表記します。

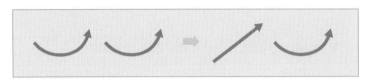

例　yǔsǎn（雨傘）　　　kěyǐ（可以）　　　dǎrǎo（打扰）
　　xǐzǎo（洗澡）　　　nǐ hǎo（你好）　　yǒuhǎo（友好）

2 「半三声」の要領　　　🔊 29

　第三声に第一声、第二声、第四声、軽声が続くと、第三声を低く抑えたままの「半三声」になります。

半三声 + 第一声　　　半三声 + 第二声　　　半三声 + 第四声　　　半三声 + 軽声

例　xiǎoxīn（小心）　　Běijīng（北京）　　yǔyán（语言）　　Měiguó（美国）
　　zuǒyòu（左右）　　 bǎihuò（百货）　　yǐzi（椅子）　　 jiǎozi（饺子）

3 「r 化音」　　　🔊 30

　語尾がそり舌に変化する語があります。これを r 化音といい、北京など北方の言葉にはこの音が多くあります。ピンインでは r、漢字では "儿"（ér）で表記します。n、ng 及び i で終わる語が r 化すると、n、ng、i は発音されません。

例　花儿 huār　　　　个儿 gèr　　　　　玩儿 wánr　　　　　一点儿 yìdiǎnr
　　一块儿 yíkuàir　　香味儿 xiāngwèir　小孩儿 xiǎoháir　　空儿 kòngr

4 隔音符号 🔊 31

音節と音節の切れ目を示さないと読み誤る可能性がある場合、隔音符号「'」を付けます。

例 qǐ'é（企鹅）　　Xī'ān（西安）

5 数字 (1) 🔊 32

零	一	二	三	四	五	六	七	八	九	十
líng	yī	èr	sān	sì	wǔ	liù	qī	bā	jiǔ	shí

十一	十二	…	二十	二十一	二十二	…	三十	…	九十	一百
shíyī	shí'èr		èrshí	èrshíyī	èrshí'èr		sānshí		jiǔshí	yìbǎi

6 "一"の変調 🔊 33

"一 yī"は本来第一声ですが、後にくる音節の声調によって次のように変化します。

◆後に第一声、第二声、第三声がくると第四声"yì"に変わります。

例 yìtiān（一天）　　yìtái（一台）　　yìqǐ（一起）

◆後に第四声、軽声がくると第二声"yí"に変わります。

例 yíshù（一束）　　yíge（一个）

※ただし順番や番号、二桁以上の数の一の位に現われた"一"などは第一声で発音します。

例 yīhào（一号）　　xīngqīyī（星期一）　　shíyī（十一）

7 "不"の変調 🔊 34

"不 bù"は本来第四声ですが、後に第四声の音節が続くと第二声に変わります。

例 bú shì（不是）　　bú qù（不去）

25

練習 A

発音練習 **1**　家族の名称を読んでみましょう。　　　　　🔊 35

爷爷
yéye

（父方の祖父）

奶奶
nǎinai

（父方の祖母）

姥爷
lǎoye

（母方の祖父）

姥姥
lǎolao

（母方の祖母）

爸爸
bàba

（父）

妈妈
māma

（母）

哥哥
gēge

（兄）

姐姐
jiějie

（姉）

我
wǒ

（私）

爱人
àiren

（配偶者）

弟弟
dìdi

（弟）

妹妹
mèimei

（妹）

儿子
érzi

（息子）

女儿
nǚ'ér

（娘）

発音練習 ②　有名な漢詩を読んでみましょう。

(1)
春 暁
Chūn xiǎo
🔊 36

孟 浩 然
Mèng Hàorán

春　眠　不　觉　晓，
Chūn mián bù jué xiǎo,

处　处　闻　啼　鸟。
Chù chù wén tí niǎo.

夜　来　风　雨　声，
Yè lái fēng yǔ shēng,

花　落　知　多　少。
Huā luò zhī duō shǎo.

春暁
孟浩然

春眠　暁を覚えず
処々　啼鳥を聞く
夜来　風雨の声
花落つること知る多少ぞ

---

(2)
静 夜 思
Jìng yè sī
🔊 37

李 白
Lǐ Bái

床　前　明　月　光，
Chuáng qián míng yuè guāng,

疑　是　地　上　霜。
Yí shì dì shàng shuāng.

举　头　望　明　月，
Jǔ tóu wàng míng yuè,

低　头　思　故　乡。
Dī tóu sī gù xiāng.

静夜思
李白

牀前月光を看る
疑うらくは是地上の霜かと
頭を挙げて山月を望み
頭を低れて故郷を思う

---

(3)
望 庐 山 瀑 布
Wàng lú shān pù bù
🔊 38

李 白
Lǐ Bái

日　照　香　炉　生　紫　烟，
Rì zhào xiāng lú shēng zǐ yān,

遥　看　瀑　布　挂　前　川。
Yáo kàn pù bù guà qián chuān.

飞　流　直　下　三　千　尺，
Fēi liú zhí xià sān qiān chǐ,

疑　是　银　河　落　九　天。
Yí shì yín hé luò jiǔ tiān.

廬山の瀑布を望む
李白

日は香炉を照らし紫煙生じ
遥かに看る瀑布の前川に掛かるを
飛流直下三千尺
疑うらくは是銀河の九天より落つるかと

練習 B

1 発音を聞いて、読まれたものに○をつけましょう。　🔊39

(1) e − o　　(2) i − ü　　(3) e − er　　(4) ao − ou

(5) iu − ui　　(6) ie − ei　　(7) ian − iang　　(8) un − ün

(9) in − ing　　(10) ua − uo

2 発音を聞いて、読まれたものに○をつけましょう。　🔊40

(1) fū − hū　　(2) sì − sù　　(3) sǐ − xǐ　　(4) mē − nē

(5) lè − rè　　(6) jú − jí　　(7) gē − kē　　(8) guì − kuì

(9) zhē − chē　　(10) cì − cù　　(11) zì − zù　　(12) chí − qí

3 発音を聞いて、声調符号をつけ、自分で発音してみましょう。　🔊41

(1) ti　　(2) zhu　　(3) gua　　(4) yue

(5) qiu　　(6) he cha　　(7) lü xing　　(8) ye ye

(9) Han guo　　(10) liu lou

---

4 発音を聞いて、空欄を埋め、自分で発音してみましょう。　🔊 42

(1) (　　) uān　(2) (　　) ā　(3) (　　) ái　(4) (　　) ǒ

(5) (　　) ǔ　(6) (　　) iào (　　) iang　(7) (　　) áng (　　) uáng

(8) (　　) īng (　　) áng　(9) (　　) ī (　　) ū　(10) (　　) īng (　　) ī (　　) íng

---

5 発音を聞いて、空欄を埋め、自分で発音してみましょう。　🔊 43

(1) z (ˇ)　(2) q (ˋ)　(3) c (ˋ)

(4) t (ˉ)　(5) g (´)　(6) p (´) q (´)

(7) Ch (ˉ) sh (´)　(8) m (´) y (ˇ)　(9) f (ˉ) zh (　)

(10) y (´) x (ˋ)　(11) H (ˋ) y (ˇ)　(12) z (ˇ) l (ˋ)

🐦 あいさつをしてみましょう。　🔊 44

Duìbuqǐ.　对不起。　ごめんなさい。

Méi guānxi.　没关系。　大丈夫です。

🐦 早口ことばを言ってみましょう。　🔊 45

四 是 四，十 是 十。
Sì shì sì, shí shì shí.

十四 是 十四，四十 是 四十。
Shísì shì shísì, sìshí shì sìshí.

四十 不是 十四，十四 不是 四十。
Sìshí búshì shísì, shísì búshì sìshí.

講読編

她是日本人。

Tā shì Rìběnrén.

彼女は日本人です。

本課で学習すること

🍁 人称代名詞　　🍁 姓・名の尋ね方・言い方　　🍁 "是" 構文

本 文　🔊 46

她　姓　田中，　叫　田中　彩香。　她　是　日本人。他　姓
Tā　xìng Tiánzhōng,　jiào Tiánzhōng Cǎixiāng.　Tā　shì　Rìběnrén.　Tā　xìng

李，　叫　李　明。　他　是　中国人。　他们　是　西北大学　国际文化系
Lǐ,　jiào Lǐ Míng.　Tā　shì　Zhōngguórén. Tāmen　shì　Xīběi dàxué　guójì wénhuà xì

的　学生。
de　xuésheng.

一 問 一 答 🔊 47

Q： 她 叫 什么 名字？
　　Tā jiào shénme míngzi?

A： _____

Q： 田中 是 中国人 吗？
　　Tiánzhōng shì Zhōngguórén ma?

A： _____

Q： 他们 是 学生 吗？
　　Tāmen shì xuésheng ma?

A： _____

🔊 48

新出語句

1. 她 tā 　代 彼女
2. 姓 xìng 　動 …という姓である
3. 田中彩香 Tiánzhōng Cǎixiāng 　名 田中彩香
4. 叫 jiào 　動 （名前は）…という
5. 是 shì 　動 〜である
6. 日本人 Rìběnrén 　名 日本人
7. 他 tā 　代 彼
8. 李明 Lǐ Míng 　名 李明
9. 中国人 Zhōngguórén 　名 中国人

10. 西北大学 Xīběi dàxué 　名 西北大学
11. 国际文化系 guójì wénhuà xì 　名 国際文化学部
12. 的 de 　助 …の
13. 学生 xuésheng 　名 学生
14. 什么 shénme 　疑 何、何の、どんな
15. 名字 míngzi 　名 名前
16. 吗 ma 　助 問いかけを表す

🔊 49

ポイントの新出語句

1. 大学生 dàxuéshēng 　名 大学生
2. 老师 lǎoshī 　名 先生

3. 不 bù 　副 …でない、…しない

35

1　人称代名詞　　　　🔊 50

	一人称	二人称	三人称		
単数	我 wǒ （私）	你・您 nǐ　nín （あなた） ※"您"は相手に敬意を表すときに用いる	他 tā （彼）	她 tā （彼女）	它 tā （それ）
複数	我们 wǒmen （私たち）	你们 nǐmen （あなたたち）	他们 tāmen （彼ら）	她们 tāmen （彼女たち）	它们 tāmen （それら）

2　姓・名の尋ね方・言い方　　　　🔊 51

▌姓のみの尋ね方

您贵姓？ / 你姓什么？
Nín guì xìng? / Nǐ xìng shénme?

▌姓のみの言い方

我姓李。
Wǒ xìng Lǐ.

▌フルネームの尋ね方

你叫什么（名字）？
Nǐ jiào shénme (míngzi)?

▌フルネームの言い方

我叫李明。
Wǒ jiào Lǐ Míng.

3 "是"構文 🔊 52

肯定文 〈 A 是 B 〉「A は B である」

我是大学生。　　　　　　　Wǒ shì dàxuéshēng.

他是老师。　　　　　　　　Tā shì lǎoshī.

我们是西北大学的学生。　　Wǒmen shì Xīběi dàxué de xuésheng.

否定文 〈 A 不是 B 〉「A は B ではない」

她不是大学生。　　　　　　Tā bú shì dàxuéshēng.

李明不是老师。　　　　　　Lǐ Míng bú shì lǎoshī.

他们不是国际文化系的学生。　Tāmen bú shì guójì wénhuà xì de xuésheng.

一般疑問文 〈 A 是 B 吗？〉「A は B ですか？」

肯定文の文末に"吗"をつけると、YES か NO かをたずねる疑問文になります。

你是大学生吗？　　　Nǐ shì dàxuéshēng ma?

田中彩香是老师吗？　Tiánzhōng Cǎixiāng shì lǎoshī ma?

李明是日本人吗？　　Lǐ Míng shì Rìběnrén ma?

練習問題

1 語句を並べ替えて文を作り、日本語に訳しましょう。

① 日本人・不・她们・是

中国語文 _____

日本語訳 _____

② 吗・中国人・李明・是・?

中国語文 _____

日本語訳 _____

③ 西北大学・不・他・是・学生・的

中国語文 _____

日本語訳 _____

④ 姓・田中・你・吗・?

中国語文 _____

日本語訳 _____

⑤ 田中彩香・是・不是・中国人・日本人・,

中国語文 _____

日本語訳 _____

2 次の日本語を中国語に訳しましょう。

① 李明は大学生です。

_____

② 田中彩香は中国人ではありません。

_____

③ 彼女は国際文化学部の先生です。

_____

④ あなたは李明さんですか？

_____

⑤ 私は学生ではなく、先生です。

_____

● 中国人の姓 ●

　中国人は一文字の姓がほとんどであり、王（王 Wáng）、李（李 Lǐ）、張（张 Zhāng）の三つの姓はそれぞれ 9000 万人以上もいます。歴史上の人物で有名な諸葛や欧陽などの二文字姓は非常に珍しく、二文字や三文字の日本人の姓は名乗った時に違和感を持たれるかもしれません。日本では姓で呼び合うことが多いですが、中国では同姓の人が多いこともあってフルネームで呼び合います。また中国では男女別姓の伝統があり、女性は結婚しても姓が変わることはなく、子どもは父親の姓を名乗るのが一般的です。

第7课

一起去学校。

Yìqǐ qù xuéxiào.

一緒に学校へ行きます。

本課で学習すること

🍁 動詞述語文 🍁 副詞 "也" と "都" 🍁 語気助詞 "吧"

本 文

🔊 53

早上， 田中 彩香 和 李 明、佐藤 爱 一起 去 学校。
Zǎoshang, Tiánzhōng Cǎixiāng hé Lǐ Míng, Zuǒténg Ài yìqǐ qù xuéxiào.

佐藤 是 李 明 的 朋友， 她 是 福冈人。 她 也 是 西北大学
Zuǒténg shì Lǐ Míng de péngyou, tā shì Fúgāngrén. Tā yě shì Xīběi dàxué

的 学生。 田中 不 是 福冈人， 她 是 长崎人。
de xuésheng. Tiánzhōng bú shì Fúgāngrén, tā shì Chángqírén.

 🔊 54

Q： 佐藤 爱 是 福冈人 吗？
Zuǒténg Ài shì Fúgāngrén ma?

A： _____

Q： 田中 也 是 福冈人 吧？
Tiánzhōng yě shì Fúgāngrén ba?

A： _____

Q： 他们 都 是 西北大学 的 学生 吗？
Tāmen dōu shì Xīběi dàxué de xuésheng ma?

A： _____

7

🔊 55

新出語句

1. 早上 zǎoshang ［名］朝
2. 和 hé ［前］…と
3. 佐藤爱 Zuǒténg Ài ［名］佐藤愛
4. 一起 yìqǐ ［副］一緒に
5. 去 qù ［動］行く
6. 学校 xuéxiào ［名］学校
7. 朋友 péngyou ［名］友達
8. 福冈人 Fúgāngrén ［名］福岡出身の人
9. 也 yě ［副］…も
10. 长崎人 Chángqírén ［名］長崎出身の人
11. 吧 ba ［助］推量や誘いかけの気持ちを表す
12. 都 dōu ［副］みな…、すべて…

🔊 56

ポイントの新出語句

1. 北京 Běijīng ［名］北京
2. 弹 tán ［動］弾く
3. 钢琴 gāngqín ［名］ピアノ
4. 学 xué ［動］学ぶ
5. 英语 Yīngyǔ ［名］英語
6. 图书馆 túshūguǎn ［名］図書館
7. 来 lái ［動］来る
8. 上海 Shànghǎi ［名］上海
9. 看 kàn ［動］見る、読む
10. 电影 diànyǐng ［名］映画

1 動詞述語文 🔊 57

肯定文 〈主語＋動詞（＋目的語）〉

我去北京。	Wǒ qù Běijīng.
他弹钢琴。	Tā tán gāngqín.
李明学英语。	Lǐ Míng xué Yīngyǔ.

否定文 〈主語＋不＋動詞（＋目的語）〉

佐藤不去图书馆。	Zuǒténg bú qù túshūguǎn.
她不来上海。	Tā bù lái Shànghǎi.
我不看电影。	Wǒ bú kàn diànyǐng.

一般疑問文 〈主語＋動詞（＋目的語）＋吗？〉

田中去图书馆吗？	Tiánzhōng qù túshūguǎn ma?
你弹钢琴吗？	Nǐ tán gāngqín ma?
你们来学校吗？	Nǐmen lái xuéxiào ma?

2 副詞"也"「〜も」と"都"「すべて、みな」 🔊 58

※副詞"都"と同時に用いる時は〈主語＋也＋都〉の語順になります。

她也是日本人。	Tā yě shì Rìběnrén.
我也不去中国。	Wǒ yě bú qù Zhōngguó.
我们都去学校。	Wǒmen dōu qù xuéxiào.
他们也都是西北大学的学生。	Tāmen yě dōu shì Xīběi dàxué de xuésheng.

3 語気助詞 "吧" 🔊 59

① 推量を表す 「〜でしょう？」

你们是大学生吧？　　Nǐmen shì dàxuéshēng ba?

李明不去学校吧？　　Lǐ Míng bú qù xuéxiào ba?

② 勧誘や軽い命令を表す 「〜しましょう、〜しなさい」

我们一起学英语吧。　　Wǒmen yìqǐ xué Yīngyǔ ba.

你来福冈吧。　　Nǐ lái Fúgāng ba.

練習問題

1 語句を並べ替えて文を作り、日本語に訳しましょう。

① 吧・中国人・他们・都・是・?

中国語文 _____

日本語訳 _____

② 吧・不・李明・电影・看・?

中国語文 _____

日本語訳 _____

③ 也・她・图书馆・去・不

中国語文 _____

日本語訳 _____

④ 和・佐藤爱・是・田中彩香・都・吗・长崎人・?

中国語文 _____

日本語訳 _____

⑤ 都・也・吧・是・你们・福冈人・?

中国語文 _____

日本語訳 _____

2 次の日本語を中国語に訳しましょう。

① 彼女は私と一緒に長崎に行きます。

_____

② 私たちもみな国際文化学部の学生です。

_____

③ 彼らはみんな大学生でしょう？

_____

④ あなたは田中さんではないでしょう？

_____

⑤ 私たちは一緒に学校に行きましょう。

_____

第 **8** 课

意大利面很好吃。
Yìdàlìmiàn hěn hǎochī.

パスタはとても美味しいです。

本課で学習すること

🍁 形容詞述語文　🍁 指示代名詞　🍁 反復疑問文　🍁 "呢"疑問文

本文

◀)) 60

中午, 田中 彩香 和 李 明 一起 去 食堂。田中 吃
Zhōngwǔ, Tiánzhōng Cǎixiāng hé Lǐ Míng yìqǐ qù shítáng. Tiánzhōng chī

意大利面, 喝 果汁。李 明 吃 咖喱饭, 喝 乌龙茶。
yìdàlìmiàn, hē guǒzhī. Lǐ Míng chī gālífàn, hē wūlóngchá.

田中 的 意大利面 很 好吃, 李明的 咖喱饭 不太 好吃。
Tiánzhōng de yìdàlìmiàn hěn hǎochī, Lǐ Míng de gālífàn bútài hǎochī.

61

Q： 这 是 咖喱饭 吗？
　　Zhè shì gālífàn ma?

A： _____

Q： 田中 的 意大利面 好吃 吗？
　　Tiánzhōng de yìdàlìmiàn hǎochī ma?

A： _____

Q： 李 明 的 咖喱饭 好吃 不好吃？
　　Lǐ Míng de Gālífàn hǎochī bu hǎochī?

A： _____

Q： 田中 喝 果汁，李明 呢？
　　Tiánzhōng hē guǒzhī, Lǐ Míng ne?

A： _____

8

新出語句　◀)) 62

1. 中午 zhōngwǔ 　名 正午
2. 食堂 shítáng 　名 食堂
3. 吃 chī 　動 食べる
4. 意大利面 yìdàlìmiàn 　名 パスタ
5. 喝 hē 　動 飲む
6. 果汁 guǒzhī 　名 ジュース
7. 咖喱饭 gālífàn 　名 カレーライス

8. 乌龙茶 wūlóngchá 　名 ウーロン茶
9. 很 hěn 　副 とても
10. 好吃 hǎochī 　形 食べておいしい
11. 不太 bútài 　さほど…ではない
12. 好喝 hǎohē 　形 飲んでおいしい
13. 这 zhè 　代 これ、それ
14. 呢 ne 　助 ～は？

ポイントの新出語句　◀)) 63

1. 电脑 diànnǎo 　名 パソコン
2. 贵 guì 　形 値段が高い
3. 非常 fēicháng 　副 非常に…、とても…
4. 认真 rènzhēn 　形 まじめである
5. 夏天 xiàtiān 　名 夏
6. 热 rè 　形 暑い、熱い
7. 冬天 dōngtiān 　名 冬
8. 冷 lěng 　形 寒い

9. 高兴 gāoxìng 　形 嬉しい、楽しい
10. 今天 jīntiān 　名 今日
11. 忙 máng 　形 忙しい
12. 课本 kèběn 　名 教科書
13. 机场 jīchǎng 　名 空港
14. 行李 xíngli 　名 荷物
15. 多 duō 　形 多い

1 形容詞述語文　🔊 64

肯定文　〈主語（＋副詞）＋形容詞〉

※形容詞述語文の肯定文の場合、形容詞の前に"很"など程度を表す副詞が用いられます。"很"は強く読まない限り、形容詞を強調する意味は特にありません。比較文の場合は、副詞を入れる必要は必ずしもありません。

电脑很贵。	Diànnǎo hěn guì.
她非常认真。	Tā fēicháng rènzhēn.
夏天热，冬天冷。	Xiàtiān rè, dōngtiān lěng.

否定文　〈主語 ＋ 不 / 不太 ＋ 形容詞〉

乌龙茶不贵。	Wūlóngchá bú guì.
今天不太热。	Jīntiān bú tài rè.
我很高兴，他不太高兴。	Wǒ hěn gāoxìng, tā bútài gāoxìng.

一般疑問文　〈主語（＋副詞）＋形容詞 ＋ 吗？〉

※疑問文の場合は必要な時のみ、副詞を入れます。

咖喱饭贵吗？	Gālífàn guì ma?
你很忙吗？	Nǐ hěn máng ma?
今天非常热吗？	Jīntiān fēicháng rè ma?

2　指示代名詞　🔊 65

近称	遠称
这 (これ) zhè	那 (それ、あれ) nà
这儿 / 这里 (ここ、そこ) zhèr　　zhèlǐ	那儿 / 那里 (そこ、あそこ) nàr　　nàlǐ

8

这是课本。
Zhè shì kèběn.

那是我的行李。
Nà shì wǒ de xíngli.

这儿是食堂。
Zhèr shì shítáng.

那里不是机场。
Nàlǐ bú shì jīchǎng.

3　反復疑問文　🔊 66

〈動詞・形容詞の肯定形＋否定形？〉

※文末に"吗"はつけません。

※反復疑問文は"很"や"也"などの副詞は使えません。

她是不是大学生？　　Tā shì bu shì dàxuéshēng?

你看不看电影？　　Nǐ kàn bu kàn diànyǐng?

食堂的意大利面贵不贵？　　Shítáng de yìdàlìmiàn guì bu guì?

你的行李多不多？　　Nǐ de xíngli duō bu duō?

4　"呢"疑問文　「～は？」　🔊 67

〈名詞＋呢？〉

我去食堂，你呢？　　Wǒ qù shítáng, nǐ ne?

北京很冷，上海呢？　　Běijīng hěn lěng, Shànghǎi ne?

1 日本語の意味に合うように、中国語の誤りを直しましょう。

① 他不也去学校。（彼も学校に行きません。）

_____

② 我们吃咖喱饭，你吗？（私たちはカレーライスを食べます。あなたは？）

_____

③ 我们都也喝乌龙茶。（私たちもみな烏龍茶を飲みます。）

_____

④ 乌龙茶好喝。（烏龍茶は美味しいです。）

_____

⑤ 你也去不去食堂？（あなたも食堂に行きますか。）

_____

● 中国の年中行事 ●

　中国では、現在でも節句などの伝統的な行事が大切にされています。4月5日前後は清明節（清明节 qīngmíngjié）といい、先祖の墓参りをする日です。墓前に供え物をし、紙銭（纸钱 zhǐqián）というお金を模した紙を焼いて祈ります。5月5日の端午節（端午节 duānwǔjié）では、ちまき（粽子 zòngzi）を食べる習慣があり、地域によってはドラゴンボートレース（赛龙舟 sàilóngzhōu）が行われます。そして9月半ばから下旬にある中秋節（中秋节 zhōngqiūjié）は、いわゆる十五夜として月を見ながらその形を模した月餅（月饼 yuèbǐng）を食べます。

50

2　次の日本語を中国語に訳しましょう。

① 私たちは食堂に行きます。あなたたちは？

_____

② ジュースは美味しいですか。

_____

③ 夏は暑いです。

_____

④ パスタは美味しいですが、カレーライスは美味しくないです。

_____

⑤ 彼女はあなたの友達ですか。（反復疑問文）

_____

3　次の表を完成させましょう。

肯定文	否定文	一般疑問文	反復疑問文
这是课本。			
	乌龙茶不好喝。		
		他们去学校吗？	
			她是不是中国人？

六月二号是星期几?
Liù yuè èr hào shì xīngqī jǐ?

六月二日は何曜日ですか。

本課で学習すること

🍁 曜日の言い方　🍁 年月日の言い方　🍁 年齢の尋ね方　🍁 疑問詞を使った疑問文

本文　🔊68

下 星期六 是 六 月 二 号, 是 田中 彩香 的 生日。
Xià xīngqīliù shì liù yuè èr hào, shì Tiánzhōng Cǎixiāng de shēngrì.

田中 今年 十八 岁, 李 明 十九 岁。李 明 的 生日 是
Tiánzhōng jīnnián shíbā suì, Lǐ Míng shíjiǔ suì. Lǐ Míng de shēngrì shì

十二 月 二十七 号。佐藤 爱 的 生日 是 上个月 二十六 号,
shí'èr yuè èrshíqī hào. Zuǒténg Ài de shēngrì shì shàng ge yuè èrshíliù hào,

她 今年 二十 岁。
tā jīnnián èrshí suì.

一問一答 🔊 69

Q： 田中 的 生日 是 几 月 几 号?
Tiánzhōng de shēngrì shì jǐ yuè jǐ hào?

A： _____

Q： 六 月 二 号 是 星期几?
Liù yuè èr hào shì xīngqī jǐ?

A： _____

Q： 田中 今年 多大?
Tiánzhōng jīnnián duōdà?

A： _____

Q： 佐藤 的 生日 是 下个月 二十六 号 吧?
Zuǒténg de shēngrì shì xià ge yuè èrshíliù hào ba?

A： _____

| 新出語句 | 🔊 70 |

1. 下星期六 xià xīngqīliù　来週土曜日
2. 月 yuè　名 …月
3. 号 hào　名 …日、…室、…号
4. 生日 shēngrì　名 誕生日
5. 今年 jīnnián　名 今年
6. 岁 suì　量 年齢を数える(…歳)
7. 上个月 shàng ge yuè　先月
8. 几 jǐ　疑 いくつ
9. 星期 xīngqī　名 週、曜日
10. 多大 duōdà　何歳、どれくらいの大きさ
11. 下个月 xià ge yuè　来月

| ポイントの新出語句 | 🔊 71 |

1. 礼拜 lǐbài　名 週、曜日
2. 周 zhōu　名 週、曜日
3. 昨天 zuótiān　名 昨日
4. 年 nián　名 年
5. 日 rì　名 …日
6. 明年 míngnián　名 来年
7. 年纪 niánjì　名 年齢
8. 岁数 suìshu　名 年齢
9. 唱 chàng　動 歌う
10. 歌 gē　名 歌
11. 写 xiě　動 書く
12. 买 mǎi　動 買う

9

1 曜日の言い方 🔊 72

月曜日	火曜日	水曜日	木曜日	金曜日	土曜日	日曜日	
星期一 xīngqīyī	星期二 xīngqī'èr	星期三 xīngqīsān	星期四 xīngqīsì	星期五 xīngqīwǔ	星期六 xīngqīliù	星期日 xīngqīrì	星期天 xīngqītiān
礼拜一 lǐbàiyī	礼拜二 lǐbài'èr	礼拜三 lǐbàisān	礼拜四 lǐbàisì	礼拜五 lǐbàiwǔ	礼拜六 lǐbàiliù	礼拜日 lǐbàirì	礼拜天 lǐbàitiān
周一 zhōuyī	周二 zhōu'èr	周三 zhōusān	周四 zhōusì	周五 zhōuwǔ	周六 zhōuliù	周日 zhōurì	

今天星期几？
Jīntiān xīngqī jǐ?

昨天礼拜一。
Zuótiān lǐbàiyī.

上周五
shàngzhōuwǔ

下星期日
xià xīngqīrì

2 年月日の言い方 🔊 73

年 nián「年」
月 yuè「月」
日 rì（書面語）、号 hào（口語）「日」

※西暦を言う時は、数字を単独で読みます。

二〇二四年 èr líng èr sì nián 　　一九七二年 yī jiǔ qī èr nián

今年(是)二〇二三年。　Jīnnián (shì) èr líng èr sān nián.

明年不是二〇一四年。　Míngnián bú shì èr líng yī sì nián.

※目的語が日付、時刻の場合は"是"を省略することがあります。否定文は"是"が必要です。

昨天(是)五月七号。　Zuótiān (shì) wǔ yuè qī hào.

今天(是)几月几号？　Jīntiān (shì) jǐ yuè jǐ hào?

下周三(是)六月一号。　Xià zhōu sān (shì) liù yuè yī hào.

星期日不是二月七日。　Xīngqīrì bú shì èr yuè qī rì.

3　年齢の尋ね方　　🔊 74

相手の年齢によって、尋ね方が異なります。

▌子供に対して尋ねるとき　　你几岁？　Nǐ jǐ suì?

▌同年代の人に対して　　　你多大？　Nǐ duōdà?

▌年配の方に対して　　　您多大年纪？　Nín duōdà niánjì?

　　　　　　　　　　您多大岁数？　Nín duōdà suìshu?

4　疑問詞を使った疑問文　　🔊 75

※文末に"吗"をつける必要はありません。

🔑 疑問詞を学びましょう

谁 shéi だれ	哪儿 nǎr どこ	哪里 nǎlǐ どこ	什么 shénme なに
怎么 zěnme どのように、どうして		几 jǐ いくつ（10以下の数を尋ねる）	
多少 duōshao いくつ（数の制限なし）		什么时候 shénme shíhou いつ	

他是谁？
Tā shì shéi?

她去哪儿？
Tā qù nǎr?

那是什么？
Nà shì shénme?

你唱什么歌？
Nǐ chàng shénme gē?

你的名字怎么写？
Nǐ de míngzì zěnme xiě?

他几岁？
Tā jǐ suì?

你买多少？
Nǐ mǎi duōshao?

你什么时候去学校？
Nǐ shénme shíhou qù xuéxiào?

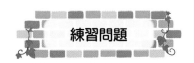

練習問題

1 次の日本語を中国語に訳しましょう。

① あなたの誕生日は何月何日ですか。

_____

② 私は土曜日に学校へ行きません。

_____

③ （あなたは）今年おいくつですか。

_____

④ 2025年1月1日は何曜日ですか。

_____

⑤ 田中さんの誕生日は先週の土曜日ではなく、来週の土曜日です。

_____

2 下記の文章の下線部を尋ねる疑問詞疑問文を作り、日本語に訳しましょう。

① 她是<u>田中彩香</u>。

> 疑問詞疑問文 _____

> 日本語訳 _____

② 佐藤爱去<u>图书馆</u>。

> 疑問詞疑問文 _____

> 日本語訳 _____

③ 李明<u>下星期六</u>去长崎。

> 疑問詞疑問文 _____

> 日本語訳 _____

④ 今天<u>二</u>月<u>七</u>号星期<u>三</u>。

> 疑問詞疑問文 _____

> 日本語訳 _____

⑤ 他今年<u>二十五岁</u>。

> 疑問詞疑問文 _____

> 日本語訳 _____

去商店买东西。
Qù shāngdiàn mǎi dōngxi.

お店へ買い物に行きます。

本課で学習すること

🍁 連動文　🍁 助動詞"想"　🍁 前置詞"给"　🍁 量詞

本 文

🔊 76

佐藤 爱 去 商店 买 东西, 李 明 想 和 她 一起 去。
Zuǒténg Ài qù shāngdiàn mǎi dōngxi, Lǐ Míng xiǎng hé tā yìqǐ qù.

下 星期六 是 田中 彩香 的 生日, 李 明 想 给 田中
Xià xīngqīliù shì Tiánzhōng Cǎixiāng de shēngrì, Lǐ Míng xiǎng gěi Tiánzhōng

买 一 个 生日 礼物。 买 什么 礼物 呢? 这 是 秘密。
mǎi yí ge shēngrì lǐwù. Mǎi shénme lǐwù ne? Zhè shì mìmì.

 ◀)) 77

Q： 佐藤 去 哪儿？
Zuǒténg qù nǎr?

A：＿＿＿＿＿＿＿＿＿＿＿＿＿＿＿＿＿＿＿＿＿＿＿＿＿＿＿＿＿

Q： 佐藤 去 商店 干 什么？
Zuǒténg qù shāngdiàn gàn shénme?

A：＿＿＿＿＿＿＿＿＿＿＿＿＿＿＿＿＿＿＿＿＿＿＿＿＿＿＿＿＿

Q： 李明 想 给 谁 买 生日 礼物？
Lǐ Míng xiǎng gěi shéi mǎi shēngrì lǐwù?

A：＿＿＿＿＿＿＿＿＿＿＿＿＿＿＿＿＿＿＿＿＿＿＿＿＿＿＿＿＿

新出語句　◀)) 78

1. 商店 shāngdiàn 名 商店
2. 给 gěi 前 …のために
3. 东西 dōngxi 名 もの
4. 想 xiǎng 助動 …したい
5. 个 ge 量 (幅広く色々なものを数える) 個

6. 礼物 lǐwù 名 プレゼント
7. 呢 ne 助 いぶかる気持ちで疑問を発する
8. 秘密 mìmì 名 秘密
9. 干 gàn 動 やる、する

ポイントの新出語句　◀)) 79

1. 便利店 biànlìdiàn 名 コンビニ
2. 咖啡 kāfēi 名 コーヒー
3. 坐 zuò 動 乗る、座る
4. 飞机 fēijī 名 飛行機
5. 打工 dǎgōng アルバイトをする
6. 医院 yīyuàn 名 病院
7. 做 zuò 動 する、作る、やる
8. 打 dǎ 動 (電話を)かける、(球技を)する
9. 电话 diànhuà 名 電話

10. 书 shū 名 本
11. 椅子 yǐzi 名 椅子
12. 自行车 zìxíngchē 名 自転車
13. 鸟 niǎo 名 鳥
14. 地图 dìtú 名 地図
15. 衣服 yīfu 名 服
16. 鞋 xié 名 くつ
17. 鱼 yú 名 魚

1 連動文　🔊 80

〈動詞 1（＋目的語 1）＋動詞 2（＋目的語 2）〉

動作の行われる順に従い、二つ以上の動詞（動詞句）が並びます。

我去便利店买咖啡。　Wǒ qù biànlìdiàn mǎi kāfēi.

他们坐飞机去上海。　Tāmen zuò fēijī qù Shànghǎi.

2 助動詞 "想"　🔊 81

肯定文　「〜したい」

他想去机场。　　　　Tā xiǎng qù jīchǎng.

我想打工。　　　　　Wǒ xiǎng dǎgōng.

田中想和我一起去机场。　Tiánzhōng xiǎng hé wǒ yìqǐ qù jīchǎng.

否定文　「〜したくない」

他不想坐飞机。　　　Tā bù xiǎng zuò fēijī.

我不想去医院。　　　Wǒ bù xiǎng qù yīyuàn.

她不想和我一起去。　Tā bù xiǎng hé wǒ yìqǐ qù.

いろいろな疑問文

他想打工吗？　　　　Tā xiǎng dǎgōng ma?

你想不想去上海？　　Nǐ xiǎng bu xiǎng qù Shànghǎi?

她想买什么？　　　　Tā xiǎng mǎi shénme?

3 前置詞"给" 動作の対象を示す「〜に（…する）」 🔊 82

我给你做咖喱饭。　Wǒ gěi nǐ zuò gālífàn.

他不给我买礼物。　Tā bù gěi wǒ mǎi lǐwù.

我给你打电话。　Wǒ gěi nǐ dǎ diànhuà.

4 量詞 🔊 83

〈数詞 + 量詞 + 名詞〉

〈指示詞 + 数詞 + 量詞 + 名詞〉

※数詞が"一"の場合、数詞を省略できます。⇒〈指示詞 + 量詞 + 名詞〉

一 本 书	※这 一 本 书	⇒	这本书
yì běn shū	zhè yì běn shū		zhè běn shū

那两个学生　nà liǎng ge xuésheng

三把椅子　sān bǎ yǐzi

四辆自行车　sì liàng zìxíngchē

五只鸟　wǔ zhī niǎo

六杯咖啡　liù bēi kāfēi

七张地图　qī zhāng dìtú

八件衣服　bā jiàn yīfu

九双鞋　jiǔ shuāng xié

十条鱼　shí tiáo yú

★よく使う量詞

本 běn	个 ge
把 bǎ	辆 liàng
只 zhī	杯 bēi
张 zhāng	件 jiàn
双 shuāng	条 tiáo

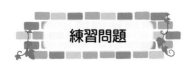

練習問題

1 　語句を並べ替えて文を作り、日本語に訳しましょう。

① 打工・李明・便利店・去

　中国語文　_____

　日本語訳　_____

② 想・北京・他・去・飞机・坐

　中国語文　_____

　日本語訳　_____

③ 中国・干・田中彩香・去・什么・?

　中国語文　_____

　日本語訳　_____

④ 果汁・商店・去・买・谁・?

　中国語文　_____

　日本語訳　_____

⑤ 田中・想・什么・买・李明・给・?

　中国語文　_____

　日本語訳　_____

2 　(　　)に適当な量詞を入れましょう。

両(　　)鱼　　　　三(　　)果汁　　　四(　　)地图

五(　　)自行车　　一(　　)礼物　　　这(　　)学生

62

3 次の日本語を中国語に訳しましょう。

① 私は母に（一つの）プレゼントを買ってあげたいです。

_____

② あの二人は学生です。

_____

③ このパスタは私の（パスタ）です。

_____

④ あなたはプレゼントを何個買いたいですか。

_____

⑤ 私はあなたにジュースを1杯買ってあげます。

_____

● デジタル化 ●

　中国では日本に対して科学技術の発達した国というイメージがありますが、デジタル技術の普及という点では中国の方が進んでいる面があります。とくに電子マネーは中国の方がはるかに普及しており、むしろ現金が使えない場所さえあるほどです。スマホ（手机 shǒujī）で QR コードを使った Alipay（支付宝 Zhīfùbǎo）や WeChat Pay（微信支付 Wēixìn zhīfù）で支払うのが一般的になり、電子マネーが使えない外国人観光客は不便を感じるようになっています。

文具店在车站对面。

Wénjùdiàn zài chēzhàn duìmiàn.

文房具屋は駅の向かい側にあります。

本課で学習すること

🍁 方位詞　　🍁 存在を表す"在"　　🍁 存在を表す"有"

本 文　🔊 84

李 明 去 文具店 买 东西。 文具店 在 车站 对面,
Lǐ Míng qù wénjùdiàn mǎi dōngxi. Wénjùdiàn zài chēzhàn duìmiàn,

文具店 附近 没有 银行, 银行 在 学校 南边。李 明 先
wénjùdiàn fùjìn méiyǒu yínháng, yínháng zài xuéxiào nánbian. Lǐ Míng xiān

去 银行 取 钱, 然后 去 文具店 买 东西。
qù yínháng qǔ qián, ránhòu qù wénjùdiàn mǎi dōngxi.

一問一答 🔊 85

Q： 文具店 附近 有 银行 吗？
Wénjùdiàn fùjìn yǒu yínháng ma?

A： _____

Q： 银行 在 哪儿？
Yínháng zài nǎr?

A： _____

Q： 李明 先 去 哪儿？ 然后 去 哪儿？
Lǐ Míng xiān qù nǎr? Ránhòu qù nǎr?

A： _____

11

新出語句 🔊 86

1. 文具店 wénjùdiàn 名 文房具店
2. 在 zài 動 ある、いる
3. 车站 chēzhàn 名 駅、バス停
4. 对面 duìmiàn 名 向かい、正面
5. 附近 fùjìn 名 付近、近く
6. 没有 méiyǒu ない、いない、持っていない
7. 有 yǒu 動 ある、いる、持っている
8. 银行 yínháng 名 銀行
9. 南边 nánbian 名 南側
10. 先 xiān 副 まず…
11. 取钱 qǔ qián 金を引き出す
12. 然后 ránhòu 接 その後…、それから…

ポイントの新出語句 🔊 87

1. 书架 shūjià 名 本棚
2. 桌子 zhuōzi 名 机、テーブル
3. 邮局 yóujú 名 郵便局
4. 家 jiā 名 家
5. 书包 shūbāo 名 カバン
6. 请问 qǐngwèn お尋ねします
7. 地铁站 dìtiězhàn 名 地下鉄の駅
8. 面包 miànbāo 名 パン

1 方位詞 　方向や位置などを表すことば　🔊 88

※ 単純方位詞は、一般に他の名詞やフレーズの後ろについて使用されます。合成方位詞は単独で用いられることもあります。

単純方位詞

东	南	西	北	上	下	左	右	前	后	里	外	旁	对
dōng	nán	xī	běi	shàng	xià	zuǒ	yòu	qián	hòu	lǐ	wài	páng	duì

书架上　shūjià shàng　　　　桌子下　zhuōzi xià

合成方位詞　〈単純方位詞 + 边 / 面 〉
bian　mian

※ "边"や"面"は軽声で読みます。"旁边 pángbiān"、"对面 duìmiàn"は例外です。

	东	南	西	北	上	下	左	右	前	后	里	外	旁	对
边	东边	南边	西边	北边	上边	下边	左边	右边	前边	后边	里边	外边	旁边	
面	东面	南面	西面	北面	上面	下面	左面	右面	前面	后面	里面	外面		对面

学校（的）旁边 xuéxiào (de) pángbiān　　　银行（的）对面 yínháng (de) duìmiàn

文具店（的）前边 wénjùdiàn (de) qiánbian　　车站（的）东面 chēzhàn (de) dōngmian

2 存在を表す "在" 　「～は…にある / いる」　🔊 89

肯定文　〈存在するモノ・人 + 在 + 場所〉

文具店在银行的前边。　　Wénjùdiàn zài yínháng de qiánbian.

他在家。　　　　　　　Tā zài jiā.

地图在桌子上。　　　　Dìtú zài zhuōzi shàng.

否定文　〈存在するモノ・人 + 不在 + 場所〉

邮局不在车站的西边。　Yóujú bú zài chēzhàn de xībian.

他不在学校。　　　　　Tā bú zài xuéxiào.

我的书包不在椅子上。　Wǒ de shūbāo bú zài yǐzi shàng.

いろいろな疑問文

邮局在学校的对面吗？	Yóujú zài xuéxiào de duìmiàn ma?
你在家吗？	Nǐ zài jiā ma?
银行在不在车站的东边？	Yínháng zài bu zài chēzhàn de dōngbian?
我的书在不在书架上？	Wǒ de shū zài bu zài shūjià shàng?
请问，地铁站在哪儿？	Qǐngwèn, dìtiězhàn zài nǎr?
谁在里面？	Shéi zài lǐmian?

3 存在を表す"有" 「～に…がある / いる」 ◀))90

肯定文 〈場所 + 有 + 存在するモノ・人〉

学校里有食堂。	Xuéxiàoli yǒu shítáng.
地铁站对面有一个银行。	Dìtiězhàn duìmiàn yǒu yí ge yínháng.
桌子上有两杯乌龙茶。	Zhuōzi shàng yǒu liǎng bēi wūlóngchá.

否定文 〈場所 + 没(有)＋存在するモノ・人〉

※"没"あるいは"没有"を用いて否定を表します。"不有"とは言いません。また、否定文には普通は数量詞をつけません。

图书馆里没(有)食堂。	Túshūguǎnli méi (yǒu) shítáng.
车站对面没(有)银行。	Chēzhàn duìmiàn méi (yǒu) yínháng.
椅子上没(有)课本。	Yǐzi shàng méi (yǒu) kèběn.

いろいろな疑問文

地铁站南面有邮局吗？	Dìtiězhàn nánmian yǒu yóujú ma?
桌子上有面包吗？	Zhuōzi shàng yǒu miànbāo ma?
学校里有没有图书馆？	Xuéxiàoli yǒu mei yǒu túshūguǎn?
桌子上有没有课本？	Zhuōzi shàng yǒu mei yǒu kèběn?

練習問題

1 次の日本語を中国語に訳しましょう。

① 学校の向かい側に文房具店はありません。

_____

② 李明さんは私の後ろにいます。

_____

③ 駅の付近に銀行はありますか。

_____

④ 食堂は図書館の西側にあります。

_____

⑤ 田中さんはどこにいますか。

_____

---

2 地図を見て中国語文を作り、日本語に訳しましょう。

[＊]麦当劳 Màidāngláo 名 マクドナルド

① 商店　　②郵局　　③文具店

④銀行　　⑤学校　　⑥便利店

北
西　東
南

⑦車站　　⑧医院　　⑨麦当劳

① 中国語文 _____

　 日本語訳 _____

② 中国語文 _____

　 日本語訳 _____

③ 中国語文 _____

　 日本語訳 _____

④ 中国語文 _____

　 日本語訳 _____

⑤ 中国語文 _____

　 日本語訳 _____

田中家离车站不远。

Tiánzhōng jiā lí chēzhàn bù yuǎn.

田中さんの家は駅から遠くないです。

本課で学習すること

🍁 時刻の言い方　　🍁 前置詞"在"、"从"、"到"、"离"

本 文　　◀)) 91

星期六，　李明 去 田中 彩香 家，　给 她 庆祝 生日。
Xīngqīliù,　Lǐ Míng qù Tiánzhōng Cǎixiāng jiā,　gěi tā qìngzhù shēngrì.

李 明 坐 地铁，在 天神站 下车。田中 十点 在 车站 等
Lǐ Míng zuò dìtiě,　zài Tiānshénzhàn xiàchē. Tiánzhōng shí diǎn zài chēzhàn děng

他。田中 家 离 天神站 不 远，从 车站 到 她 家 走路
tā. Tiánzhōng jiā lí Tiānshénzhàn bù yuǎn, cóng chēzhàn dào tā jiā zǒulù

五分钟。
wǔ fēnzhōng.

　◀)) 92

Q：李明 怎么 去 天神？
　　Lǐ Míng zěnme qù Tiánshén?

A：_____

Q：李明 在 哪儿 下车？
　　Lǐ Míng zài nǎr xiàchē?

A：_____

Q: 田中 几点 在 车站 等 李明?
Tiánzhōng jǐ diǎn zài chēzhàn děng Lǐ Míng?

A: _____

Q: 田中 家 离 天神站 远不远?
Tiánzhōng jiā lí Tiānshénzhàn yuǎn bu yuǎn?

A: _____

Q: 从 车站 到 田中 家 走路 多长 时间?
Cóng chēzhàn dào Tiánzhōng jiā zǒulù duōcháng shíjiān?

A: _____

新出語句 🔊 93

1. 庆祝 qìngzhù 動 祝う、慶祝する
2. 地铁 dìtiě 名 地下鉄
3. 在 zài 前 …で
4. 天神站 Tiānshénzhàn 名 天神駅
5. 下车 xiàchē 下車する
6. 点 diǎn 量 …時
7. 等 děng 動 待つ
8. 离 lí 前 …から、…まで

9. 远 yuǎn 形 遠い
10. 从 cóng 前 …から
11. 到 dào 前 …まで 動 到達する
12. 走路 zǒulù 歩く
13. 分钟 fēnzhōng 量 …分間
14. 多长 duōcháng 疑 長さを尋ねる
15. 时间 shíjiān 名 時間

ポイントの新出語句 🔊 94

1. 刻 kè 量 15分
2. 半 bàn 数 半、半分
3. 上课 shàngkè 授業をする、授業を受ける
4. 下午 xiàwǔ 名 午後
5. 晚上 wǎnshang 名 夜
6. 见面 jiànmiàn 動 顔を合わせる、会う
7. 出发 chūfā 動 出発する
8. 京都 Jīngdū 名 京都
9. 新干线 xīngànxiàn 名 新幹線

10. 棒球 bàngqiú 名 野球
11. 比赛 bǐsài 名 試合
12. 开始 kāishǐ 動 始まる、始める、開始する
13. 博物馆 bówùguǎn 名 博物館
14. 作业 zuòyè 名 宿題
15. 公园 gōngyuán 名 公園
16. 公里 gōnglǐ
    量 長さの単位(…キロメートル)

1　時刻の言い方　　🔊 95

点 diǎn「時」　　※2時は"二点"ではなく"两点"ということに注意しましょう。

1時	2時	3時	4時 ……	12時
一点	两点	三点	四点 ……	十二点
yī diǎn	liǎng diǎn	sān diǎn	sì diǎn ……	shí'èr diǎn

分 fēn「分」

1：05	2：15	3：20
一点零五分	两点十五分	三点二十分
yī diǎn líng wǔ fēn	liǎng diǎn shíwǔ fēn	sān diǎn èrshí fēn

5：50	21：10
五点五十分	二十一点十分 / 晚上九点十分
wǔ diǎn wǔshí fēn	èr shí yī diǎn shí fēn / wǎnshang jiǔ diǎn shí fēn

※30分は"半 bàn"、15分は"一刻 yíkè"、45分は"三刻 sānkè"と言い換えることができます。

2：15	3：30	6：45
两点一刻	三点半	六点三刻
liǎng diǎn yíkè	sān diǎn bàn	liù diǎn sān kè

现在(是)几点？　　Xiànzài (shì) jǐ diǎn?

现在(是)上午十点三十五分。　　Xiànzài (shì) shàngwǔ shí diǎn sānshíwǔ fēn.

现在不是十二点。　　Xiànzài bú shì shí'èr diǎn.

我们下午五点见面。　　Wǒmen xiàwǔ wǔ diǎn jiànmiàn.

你早上几点上课？　　Nǐ zǎoshang jǐ diǎn shàngkè?

※時間量のあらわし方

一(个)小时	两(个)小时	三(个)小时 ……
yí(ge)xiǎoshí	liǎng(ge)xiǎoshí	sān(ge)xiǎoshí ……

一分钟	两分钟	三分钟 ……
yìfēnzhōng	liǎngfēnzhōng	sānfēnzhōng ……

2　前置詞"在"　動作の行われる場所を示す「〜で（…する）」　🔊96

她在文具店买礼物。	Tā zài wénjùdiàn mǎi lǐwù.
我们在咖啡店见面吧。	Wǒmen zài kāfēidiàn jiànmiàn ba.
你在便利店买什么？	Nǐ zài biànlìdiàn mǎi shénme?

3　前置詞"从"　動作や時間の起点・経由点を示す「〜から」　🔊97

从学校出发。	Cóng xuéxiào chūfā.
从京都坐新干线。	Cóng Jīngdū zuò xīngànxiàn.
棒球比赛从下午六点开始。	Bàngqiú bǐsài cóng xiàwǔ liù diǎn kāishǐ.

4　前置詞"到"　動作や時間の終点を示す「〜まで（に、へ）」　🔊98

从学校到博物馆走路十分钟。	Cóng xuéxiào dào bówùguǎn zǒulù shí fēnzhōng.
我们从几点到几点看电影？	Wǒmen cóng jǐ diǎn dào jǐ diǎn kàn diànyǐng?
我三点到图书馆去写作业。	Wǒ sān diǎn dào túshūguǎn qù xiě zuòyè.

5　前置詞"离"　ある場所からの距離を示す「〜から」　🔊99

博物馆离这儿远不远？	Bówùguǎn lí zhèr yuǎn bu yuǎn?
医院离他家很近。	Yīyuàn lí tā jiā hěn jìn.
公园离车站（有）两公里。	Gōngyuán lí chēzhàn (yǒu) liǎng gōnglǐ.

1 次の語群から最も相応しい言葉を選び、(　　)に入れて文を完成させ、日本語に訳しましょう。

在　　给　　从　　到　　离

*汉语 Hànyǔ 名 中国語　*课 kè 名 授業

① 汉语课(　　　　)几点开始？

日本語訳 _____

② 中午我想(　　　　)食堂吃意大利面。

日本語訳 _____

③ 长崎(　　　　)福冈远不远？

日本語訳 _____

④ (　　　　)学校(　　　　)我家走路十分钟。

日本語訳 _____

⑤ 你(　　　　)田中买什么礼物？

日本語訳 _____

2　次の日本語を中国語に訳しましょう。

① 学校からコンビニまでは遠いですか。

_____

② 今何時ですか。

_____

③ あなたは天神駅で降りますか。

_____

④ あなたはどうやって銀行に行きますか。

_____

⑤ 中国語の授業は午後2時15分から始まります。

_____

● 世代 ●

　日本では「団塊の世代」や「バブル世代」という言い方がありますが、中国では時期によって政治的、経済的な変化が非常に大きいので、およそ10年ごとに世代を区別する言い方があります。1980年代に生まれた80後（80后 bālínghòu）は改革開放政策の後に生まれた世代で、社会主義時代を生きた親の世代とは全く異なる価値観を持つことで注目されました。そしてその後の90後（90后 jiǔlínghòu）は、生まれてすぐに外国の文化に親しんでいた世代、00後（00后 línglínghòu）はいわゆるZ世代としてSNSなどのデジタルを使いこなす世代などとされています。

第 13 课

吃完饭去甜品店看看。

Chīwán fàn qù tiánpǐndiàn kànkan.

ご飯を食べ終えたらスイーツ店に行ってみましょう。

本課で学習すること

🍁 "的"の使い方　🍁 結果補語　🍁 動詞の重ね型と"一下"

本文　🔊 100

中午, 李 明 在 田中 家 吃 饭。田中 的 手艺 很 好,
Zhōngwǔ, Lǐ Míng zài Tiánzhōng jiā chī fàn. Tiánzhōng de shǒuyì hěn hǎo,

她 做 的 寿司 和 天妇罗 非常 好吃。吃完 饭, 他们 想 去
tā zuò de shòusī hé tiānfùluó fēicháng hǎochī. Chīwán fàn, tāmen xiǎng qù

附近 的 甜品店 看看。那儿 有 很 多 好吃 的 抹茶 蛋糕,
fùjìn de tiánpǐndiàn kànkan. Nàr yǒu hěn duō hǎochī de mǒchá dàngāo,

他们 想 尝一下。
tāmen xiǎng cháng yíxià.

 🔊 101

Q： 中午 李明 在 哪儿 吃饭？
Zhōngwǔ Lǐ Míng zài nǎr chī fàn?

A： _____

Q： 田中 的 手艺 怎么样？
Tiánzhōng de shǒuyì zěnmeyàng?

A： _____

Q： 吃完 饭 他们 想 干 什么？
Chīwán fàn tāmen xiǎng gàn shénme?

A： _____

13

新出語句　🔊 102

1. 饭 fàn 名ごはん
2. 手艺 shǒuyì 名腕前
3. 好 hǎo 形よい
4. 寿司 shòusī 名寿司
5. 天妇罗 tiānfùluó 名天ぷら
6. 完 wán 動終わる、尽きる
7. 甜品店 tiánpǐndiàn 名スイーツ店
8. 抹茶 mǒchá 名抹茶
9. 蛋糕 dàngāo 名ケーキ
10. 尝 cháng 動味わう、味見する
11. 一下 yíxià ちょっと、わずかな時間
12. 怎么样 zěnmeyàng 疑どうですか

ポイントの新出語句　🔊 103

1. 首都 shǒudū 名首都
2. 韩国菜 Hánguócài 名韓国料理
3. 英文 Yīngwén 名英語、英文
4. 杂志 zázhì 名雑誌
5. 公司 gōngsī 名会社
6. 喜欢 xǐhuan 動好む、好きだ
7. 借 jiè 動借りる
8. 走 zǒu 動その場を離れる、歩く、行く
9. 饱 bǎo 形満腹である
10. 听 tīng 動聴く
11. 懂 dǒng 動わかる、知っている
12. 试 shì 動試す
13. 商量 shāngliang 動相談する

1 "的" の使い方　🔊 104

〈 名詞／人称代名詞 + 的 + 名詞 〉

日本的首都　　Rìběn de shǒudū

我的书　　　 wǒ de shū

你的电脑　　 nǐ de diànnǎo

※ただし以下の場合は "的" が省略される時があります。

① 密接に結合している語

中国电影　　　　韩国菜　　　　　英文杂志
Zhōngguó diànyǐng　 Hánguócài　　 Yīngwén zázhì

② 家族や友人、所属する組織など

你妈妈　nǐ māma

我们公司　wǒmen gōngsī　　　　我家　wǒ jiā

〈 形容詞／動詞（句）+ 的 + 名詞 〉

好吃的面包　　　　我买的礼物
hǎochī de miànbāo　 wǒ mǎi de lǐwù

2 結果補語 🔊105

動詞の後につき、動作・行為の結果を表す語です。目的語、アスペクト助詞（第14課参照）は補語の後ろに置きます。

借走	jièzǒu	借りる＋行く	⇒	借りていく
吃饱	chībǎo	食べる＋いっぱいになる	⇒	（食べて）満腹になる
学好	xuéhǎo	学ぶ＋良い・満足できる状態になる	⇒	マスターする
听懂	tīngdǒng	聞く＋分かる	⇒	聞いて分かる

3 動詞の重ね型と"一下"　「少し～してみる」、「ちょっと～する」 🔊106

動詞を重ね型にする、あるいは動詞の後ろに"一下"を用いることで、語気が柔らかくなります。後ろの動詞は軽声で発音します。単音節動詞の間に"一"を入れても同じです。

你试试（试一试 / 试一下）吧。
Nǐ shìshi (shì yi shì/shì yíxià) ba.

我问问（问一问 / 问一下）她。
Wǒ wènwen (wèn yi wèn/wèn yíxià) tā.

我和爸爸商量商量（商量一下）。
Wǒ hé bàba shāngliang shāngliang (shāngliang yíxià).

1 次の中国語を日本語に訳しましょう。

① 很远的车站

_____

② 非常好吃的韩国菜

_____

③ 我给你买的礼物

_____

④ 我们学校附近的银行

_____

⑤ 在文具店买的东西

_____

2 次の日本語を中国語に訳しましょう。

① これはとても美味しいケーキです。味見してみてください！

*~してください：请~ qǐng ~

13

_____

② これは誰のですか。

_____

③ これは李明さんが（私に）買ってくれた雑誌です。見てみて！

_____

④ 私が作った天ぷらはあまり美味しくないです。

_____

⑤ 田中さんが作った寿司を食べてみたいです。

_____

第 14 课

夏天来了。
Xiàtiān lái le.

夏が来ました。

本課で学習すること

🍁 変化や完了を表す"了"　🍁 助動詞"能"　🍁 没（有）＋動詞・形容詞

本 文

🔊 107

夏天 来 了， 天气 热 了， 能 游泳 了。田中 彩香 在
Xiàtiān lái le, tiānqì rè le, néng yóuyǒng le. Tiánzhōng Cǎixiāng zài

网上 买了 一 套 新泳衣， 很 便宜， 也 很 漂亮。学校
wǎngshang mǎile yí tào xīn yǒngyī, hěn piányi, yě hěn piàoliang. Xuéxiào

北边 有 一 个 海滨浴场， 人 很 多， 很 热闹。田中 想 和
běibian yǒu yí ge hǎibīn yùchǎng, rén hěn duō, hěn rènao. Tiánzhōng xiǎng hé

佐藤 一起 去 游泳。可是 佐藤 感冒 了， 还 没 好， 最近
Zuǒténg yìqǐ qù yóuyǒng. Kěshì Zuǒténg gǎnmào le, hái méi hǎo, zuìjìn

不能 游泳。
bùnéng yóuyǒng.

一問一答 🔊108

Q： 田中 在 网上 买了 什么?
　　 Tiánzhōng zài wǎngshang mǎile shénme?

A： _____

Q： 田中 的 新泳衣 怎么样?
　　 Tiánzhōng de xīn yǒngyī zěnmeyàng?

A： _____

Q： 海滨 浴场 在 哪儿?
　　 Hǎibīn yùchǎng zài nǎr?

A： _____

Q： 佐藤 和 田中 一起 去 游泳 吗?
　　 Zuǒténg hé Tiánzhōng yìqǐ qù yóuyǒng ma?

A： _____

新出語句 🔊109

1. 了 le 〔助〕変化や完了を表す
2. 天气 tiānqì 〔名〕天気
3. 能 néng 〔助動〕…できる
4. 游泳 yóuyǒng 〔動〕泳ぐ 〔名〕泳ぎ
5. 网上 wǎngshang インターネット上
6. 套 tào 〔量〕セットになったものを数える
7. 新 xīn 〔形〕新しい
8. 泳衣 yǒngyī 〔名〕水着
9. 便宜 piányi 〔形〕安い
10. 漂亮 piàoliang 〔形〕きれいだ
11. 海滨浴场 hǎibīn yùchǎng 〔名〕海水浴場
12. 热闹 rènao 〔形〕賑やかである
13. 感冒 gǎnmào 〔動〕風邪を引く 〔名〕風邪
14. 还 hái 〔副〕まだ、なお…、さらに…
15. 最近 zuìjìn 〔名〕ここ数日、最近

ポイントの新出語句 🔊110

1. 票 piào 〔名〕切符、チケット
2. 中文 Zhōngwén 〔名〕中国語
3. 小说 xiǎoshuō 〔名〕小説
4. 就 jiù 〔副〕すぐに
5. 饿 è 〔形〕お腹がすく
6. 哭 kū 〔動〕泣く
7. 明天 míngtiān 〔名〕明日
8. 约会 yuēhuì 〔名〕デート
9. 再 zài 〔副〕さらに、また
10. 用 yòng 〔動〕用いる
11. 信 xìn 〔名〕手紙
12. 一天 yì tiān 一日
13. 跑 pǎo 〔動〕走る

1 変化や完了を表す"了" ◀)) 111

"了"の文法的な用法としては、

    A　「状況の変化や新事態の発生」を表す文末の語気助詞

    B　「動作、行為の完了」を表すアスペクト（動態）助詞

の2種類に分類されますが、両方を併用することもあり、兼ねる場合もあります。

① 状況の変化や新事態の発生を表す文末の語気助詞

    〈（ある状況）＋ 了〉

    十点了。　　　　　　Shí diǎn le.

    我饿了。　　　　　　Wǒ è le.

    我的感冒好了。　　　Wǒ de gǎnmào hǎo le.

    我不去了。　　　　　Wǒ bú qù le.

② 動作、行為の完了を表すアスペクト（動態）助詞

    〈 動詞 ＋ 了 ＋ 修飾語 ＋ 目的語 〉

    他吃了两个饺子。　　　　Tā chīle liǎng ge jiǎozi.

    我们买了三张电影票。　　Wǒmen mǎile sān zhāng diànyǐng piào.

    你买了什么书？　　　　　Nǐ mǎile shénme shū?

    我买了中文小说。　　　　Wǒ mǎile Zhōngwén xiǎoshuō.

    ※目的語の前に修飾語がない場合、文が終止したという感じがしないため、修飾語を目的
    語の前に入れるか、文末に語気助詞の"了"をつけるか、またはあとに文をつづけなけ
    ればなりません。

    （×）我吃了饺子。　　　　　　Wǒ chīle jiǎozi.

    （○）我吃了饺子，就去打工。　Wǒ chīle jiǎozi, jiù qù dǎgōng.

    （○）我吃饺子了。　　　　　　Wǒ chī jiǎozi le.

③ 語気助詞とアスペクト助詞を兼ねる〈動詞 + 了〉

他来了。　　　Tā lái le.

妹妹哭了。　　Mèimei kū le.

14

2 助動詞 "能" 🔊 112

① **客観的な条件があって「〜できる」**

明天我能来学校。　　　　　　Míngtiān wǒ néng lái xuéxiào.

晚上我有时间，能打工。　　　Wǎnshang wǒ yǒu shíjiān, néng dǎgōng.

我感冒了，今天不能去约会。　Wǒ gǎnmàole, jīntiān bùnéng qù yuēhuì.

我吃饱了，不能再吃了。　　　Wǒ chībǎo le, bùnéng zài chī le.

② **具体的な能力を示して「〜できる」**

　※注意："不能" は禁止の意味もあります「〜してはいけない」

他能用英语写信。　　Tā néng yòng Yīngyǔ xiě xìn.

她一天能跑十公里。　Tā yì tiān néng pǎo shí gōnglǐ.

3 〈没(有)＋ 動詞・形容詞 〉　「〜しなかった、〜していない」 〈還没(有)＋ 動詞・形容詞 〉「まだ〜していない」 🔊 113

※〈没(有)＋ 動詞 〉⇒ 客観的な事実の否定　"没来" は「来なかった、来ていない」
　〈不＋ 動詞 〉　　⇒ 動作の否定、または話し手の意志による否定　"不来" は「来ない」

她没(有)喝乌龙茶。　　Tā méi (yǒu) hē wūlóngchá.

我没(有)写作业。　　　Wǒ méi (yǒu) xiě zuòyè.

他还没(有)看书。　　　Tā hái méi (yǒu) kànshū.

感冒还没(有)好。　　　Gǎnmào hái méi (yǒu) hǎo.

練習問題

① 我买了二个蛋糕。

（私は二つのケーキを買いました。）

_____

② 他今天没来我家了。

（彼は今日私の家に来ませんでした。）

_____

③ 他不来学校。

（彼は学校に来なくなりました。）

_____

④ 佐藤的感冒好吗？

（佐藤さんの風邪は治りましたか。）

_____

⑤ 天气很冷，最近还不游泳。

（寒いので、ここ数日はまだ泳げません。）

_____

⑥ 我今天喝很多果汁了。

（私は今日、ジュースをたくさん飲みました。）

⑦ 食堂的咖喱饭很便宜，很也好吃。

（食堂のカレーライスはとても安いし、とても美味しいです。）

⑧ 海滨浴场有学校北边。

（海水浴場は学校の北側にあります。）

● 中国の少数民族 ●

　中国は56の民族が暮らす多民族国家です。人口の約92％は漢民族で、約８％が55の少数民族です。多くの少数民族の暮らしは、現代社会のなかで大きく変化していますが、各民族の文化には特色がみられます。

　中国の正月といえば「春節」ですが、独自の暦で新年を迎える民族もいます。

　例えば、中国の西南部・雲南省に暮らすタイ族の新年は４月の初めで、「泼水节 pōshuǐjié」を呼ばれ、日本では「水かけ祭り」として知られています。もともとは水で仏像を清めるお祭りでしたが、現在ではお互いに水をかけあう行事に変化し、「水かけ祭り」をして新しい一年を迎えます。

快放暑假了。
Kuài fàng shǔjià le.

もうすぐ夏休みです。

本課で学習すること

🍁 "快～了"　🍁 "打算"　🍁 二重目的語をとる動詞　🍁 助動詞"会"

本文 🔊 114

快 放 暑假 了。李 明 打算 去 京都 旅游，田中 彩香
Kuài fàng shǔjià le.　Lǐ Míng dǎsuàn qù Jīngdū lǚyóu, Tiánzhōng Cǎixiāng

送了 李 明 一 本 介绍 京都 的 书。田中 打算 去 上海
sòngle Lǐ Míng yì běn jièshào Jīngdū de shū. Tiánzhōng dǎsuàn qù Shànghǎi

短期 留学，她 不 会 说 上海话，李明 教 她 上海话。他们
duǎnqī liúxué,　tā bú huì shuō Shànghǎihuà, Lǐ Míng jiāo tā Shànghǎihuà.　Tāmen

都 很 期待 这个 暑假。
dōu hěn qīdài zhè ge shǔjià.

 🔊 115

Q： 暑假 李明 打算 干 什么？
　　Shǔjià Lǐ Míng dǎsuàn gàn shénme?

A：_____

88

Q: 田中 打算 去 哪儿 短期 留学？
Tiánzhōng dǎsuàn qù nǎr duǎnqī liúxué?

A: _____

Q: 田中 会不会 说 上海话？
Tiánzhōng huì bu huì shuō Shànghǎihuà?

A: _____

Q: 谁 教 田中 上海话？
Shéi jiāo Tiánzhōng Shànghǎihuà?

A: _____

新出語句　　　🔊 116

1. 快～了 kuài~le　まもなく…
2. 放暑假 fàng shǔjià　夏休みになる
3. 暑假 shǔjià　[名]夏休み
4. 打算 dǎsuàn　[動]…するつもりだ
5. 旅游 lǚyóu　[動]旅行する
6. 送 sòng　[動]贈る、送る
7. 介绍 jièshào　[動]紹介する

8. 短期 duǎnqī　[名]短期
9. 留学 liúxué　[動]留学する
10. 会 huì　[助動]…できる、…はずだ
11. 说 shuō　[動]話す
12. 上海话 Shànghǎihuà　[名]上海語
13. 教 jiāo　[動]教える
14. 期待 qīdài　[動]期待する

ポイントの新出語句　　　🔊 117

1. 考试 kǎoshì　[動]試験をする、試験を受ける
　　　　　　　　[名]テスト
2. 元旦 yuándàn　[名]元旦
3. 美国 Měiguó　[名]アメリカ
4. 找 zhǎo　[動]探す
5. 工作 gōngzuò　[名]仕事
6. 束 shù　[量]束になっているものを数える
7. 花 huā　[名]花
8. 告诉 gàosu　[動]教える、知らせる、言う

9. 号码 hàomǎ　[名]番号
10. 地址 dìzhǐ　[名]住所
11. 春节 Chūnjié　[名]春節
12. 大家 dàjiā　[代]皆さん
13. 回 huí　[動]帰る
14. 下雪 xiàxuě　雪が降る
15. 已经 yǐjīng　[副]すでに…、もう…
16. 出院 chūyuàn　退院する

1 "快～了"「まもなく～する」、「まもなく～だ」 🔊 118

快考试了。 Kuài kǎoshì le.

快元旦了。 Kuài yuándàn le.

比赛快开始了。 Bǐsài kuài kāishǐ le.

我快到你家了。 Wǒ kuài dào nǐ jiā le.

2 "打算"「～するつもりだ」 🔊 119

我打算去美国留学。 Wǒ dǎsuàn qù Měiguó liúxué.

他打算在上海找工作。 Tā dǎsuàn zài Shànghǎi zhǎo gōngzuò.

3 二重目的語をとる動詞 「～に…を…する」 🔊 120

〈動詞＋目的語１（人）＋目的語２（モノ・コト）〉

我给他书。 Wǒ gěi tā shū.

他送我一束花。 Tā sòng wǒ yí shù huā.

他教我上海话。 Tā jiāo wǒ Shànghǎihuà.

请告诉我你的电话号码。 Qǐng gàosu wǒ nǐ de diànhuà hàomǎ.

他不告诉我他的地址。 Tā bú gàosu wǒ tā de dìzhǐ.

4　助動詞"会"　🔊 121

① **学習、訓練、練習などによって「〜することができる」**

我会说英语。	Wǒ huì shuō Yīngyǔ.
你会游泳吗？	Nǐ huì yóuyǒng ma?
你会不会打棒球？	Nǐ huì bu huì dǎ bàngqiú?

② **可能性を示す「〜だろう」「〜するはずだ」**

晚上她会给我打电话。	Wǎnshang tā huì gěi wǒ dǎ diànhuà.
春节大家都会回家。	Chūnjié dàjiā dōu huì huí jiā.
明天会下雪吗？	Míngtiān huì xiàxuě ma?
他会不会已经出院了？	Tā huì bu huì yǐjīng chūyuàn le?

練習問題

1 日本語の意味に合うように、語句を並べ替えましょう。

① もうすぐ十二時になります。私は食堂に行ってカレーライスを食べるつもりです。

　十二点・快・咖喱饭・去・了・打算・食堂・我・吃

_____

② 李明さんは田中さんに一つのプレゼントを贈ります。

　个・礼物・一・李明・送・田中

_____

③ 李先生は私に中国語を教えてくれます。

　汉语・老师・教・我・李

_____

④ 彼女は泳げません。あなたが彼女に教えてあげてください。

　不・游泳・她・教・会・你・吧・她

_____

⑤ 私は中国語を話せますが、私の友達は話せません。

　我・汉语・不会・说・会・我朋友

_____

2 次の日本語を中国語に訳しましょう。

① 私は先に銀行に行くつもりです。

_____

② 田中さんは寿司を作れます。天ぷらも作れます。

_____

③ あなたは英語が話せますか。（反復疑問文）

_____

④ （私が）ケーキの作り方を教えてあげます。

_____

⑤ （私は）まもなく中国へ留学に行きます。

_____

第 16 课

宿舍可以自由选择吗?
Sùshè kěyǐ zìyóu xuǎnzé ma?

寮は自由に選べますか。

本課で学習すること

🍁 助動詞"可以"　　🍁 動詞・助動詞"要"　　🍁 因果表現"因为～所以…"

🍁 選択疑問文"A 还是 B"

本文

🔊 122

今天，田中 彩香 在 上海国际大学 办 入学 手续。
Jīntiān, Tiánzhōng Cǎixiāng zài Shànghǎi guójì dàxué bàn rùxué shǒuxù.

学校 的 宿舍 有 单人间，也 有 双人间，可以 自由 选择。
Xuéxiào de sùshè yǒu dānrénjiān, yě yǒu shuāngrénjiān, kěyǐ zìyóu xuǎnzé.

田中 要 住 双人间，因为 她 想 在 宿舍里 交 新 朋友。
Tiánzhōng yào zhù shuāngrénjiān, yīnwèi tā xiǎng zài sùshèli jiāo xīn péngyou.

她 的 宿舍 是 五〇三 号。室友 是 谁？她 是 哪里 人？
Tā de sùshè shì wǔ líng sān hào. Shìyǒu shì shéi? Tā shì nǎlǐ rén?

田中 很 期待 和 她 见面。
Tiánzhōng hěn qīdài hé tā jiànmiàn.

◄)) 123

Q： 学校 的 宿舍 可以 自由 选择 吗?
Xuéxiào de sùshè kěyǐ zìyóu xuǎnzé ma?

A：_____

16

Q： 田中 住 单人间 还是 双人间?
Tiánzhōng zhù dānrénjiān háishi shuāngrénjiān?

A：_____

Q： 为什么 田中 要 住 双人间?
Wèishénme Tiánzhōng yào zhù shuāngrénjiān?

A：_____

新出語句
◄)) 124

1. 办 bàn 　動 する
2. 入学 rùxué 　入学する
3. 手续 shǒuxù 　名 手続き
4. 宿舍 sùshè 　名 寮
5. 单人间 dānrénjiān 　名 一人部屋
6. 双人间 shuāngrénjiān 　名 二人部屋
7. 可以 kěyǐ 　助動 …できる、…してよい
8. 自由 zìyóu 　形 自由である
9. 选择 xuǎnzé 　動 選択する
10. 要 yào 　動 ください
　　 助動 …したい、しなければならない
11. 住 zhù 　動 住む、泊まる
12. 因为 yīnwèi 　接 なぜなら…、…なので
13. 交 jiāo 　動 (友達を)作る
14. 室友 shìyǒu 　名 ルームメイト
15. 还是 háishi 　接 …かそれとも…
16. 为什么 wèishénme 　疑 なぜ、何のために

ポイントの新出語句
◄)) 125

1. 房间 fángjiān 　名 部屋
2. 吸烟 xīyān 　タバコを吸う
3. 教室 jiàoshì 　名 教室
4. 可乐 kělè 　名 コーラ
5. 结婚 jiéhūn 　動 結婚する
6. 注意 zhùyì 　動 注意する
7. 受伤 shòushāng 　負傷する
8. 运动 yùndòng 　名 運動 動 運動する
9. 一直 yìzhí 　副 ずっと
10. 电视 diànshì 　名 テレビ
11. 骑 qí
　　 動 (馬や自転車・バイクに)またがって乗る
12. 冰淇淋 bīngqílín 　名 アイスクリーム
13. 肚子 dùzi 　名 お腹
14. 疼 téng 　形 痛い
15. 现金 xiànjīn 　名 現金
16. 支付宝 Zhīfùbǎo 　名 アリペイ
17. 红茶 hóngchá 　名 紅茶

1 助動詞"可以" ◀)) 126

肯定文 「〜してもよい」（許可）

你可以早上来，也可以晚上来。　　Nǐ kěyǐ zǎoshang lái, yě kěyǐ wǎnshang lái.

我可以教你汉语。　　　　　　　　Wǒ kěyǐ jiāo nǐ Hànyǔ.

否定文 "不可以"/"不能"「〜してはいけない」

不可以在房间里吸烟。　　Bù kěyǐ zài fángjiānli xīyān.

不能在教室里打电话。　　Bùnéng zài jiàoshìli dǎ diànhuà.

いろいろな疑問文

你可以教我汉语吗？　　　　　Nǐ kěyǐ jiāo wǒ Hànyǔ ma?

你可(以)不可以教我做寿司？　Nǐ kě(yǐ) bu kěyǐ jiāo wǒ zuò shòusī?

你告诉我你的地址，可以吗？　Nǐ gàosu wǒ nǐ de dìzhǐ, kěyǐ ma?

2 動詞・助動詞"要" ◀)) 127

動詞"要"「〜ください」

我要可乐。　　Wǒ yào kělè.

我要一个。　　Wǒ yào yí ge.

助動詞"要"「〜したい / 〜しなければならない」、「〜するつもりだ」

我要喝乌龙茶。　　Wǒ yào hē wūlóngchá.

他下个月要考试。　Tā xià ge yuè yào kǎoshì.

我要和他结婚。　　Wǒ yào hé tā jiéhūn.

※「〜しなくてもよい」、「〜する必要がない」は"不用"を用います。

　　明天没课，不用去学校。　　Míngtiān méi kè, búyòng qù xuéxiào.

　　我的电脑很好，不用买新的。　　Wǒ de diànnǎo hěn hǎo, búyòng mǎi xīn de.

16

不要　「〜してはいけない／〜しないでください」

请注意不要感冒。　　Qǐng zhùyì búyào gǎnmào.

请不要在这里打电话。　　Qǐng búyào zài zhèlǐ dǎ diànhuà.

3　因果表現　"因为〜所以…"「〜なので、（だから）…だ」　🔊 128

どちらかひとつだけ使う場合もあり、併用することもあります。
また、原因・理由を先に述べる場合もあり、後から述べる場合もあります。

因为弟弟不喜欢运动，所以他一直在家看电视。
Yīnwèi dìdi bù xǐhuan yùndòng, suǒyǐ tā yìzhí zài jiā kàn diànshì.

因为我受伤了，所以不能骑自行车。
Yīnwèi wǒ shòushāngle, suǒyǐ bùnéng qí zìxíngchē.

今天我不能吃冰淇淋，因为我肚子很疼。
Jīntiān wǒ bùnéng chī bīngqílín, yīnwèi wǒ dùzi hěn téng.

4　選択疑問文　"A 还是 B"「A それとも B ？」　🔊 129

你说还是我说？　　Nǐ shuō háishi wǒ shuō?

你用现金还是用支付宝？　　Nǐ yòng xiànjīn háishi yòng Zhīfùbǎo?

你喜欢喝咖啡还是喝红茶？　　Nǐ xǐhuan hē kāfēi háishi hē hóngchá?

練習問題

1 日本語の意味に合うように、中国語の誤りを直しましょう。

① 不想在教室里吃饭！
（教室でご飯を食べないで！）

_____

② 星期日不要去学校。
（日曜日は学校に行く必要がありません。）

_____

③ 宿舍要不要自由选择？
（寮は自由に選べますか。）

_____

④ 所以我想学好汉语，因为我打算去中国留学。
（中国語をマスターしたいので、中国へ留学に行くつもりです。）

_____

⑤ 暑假你想去长崎还是京都吗？
（夏休みにあなたは長崎に行きたいですか。それとも京都に行きたいですか。）

_____

2 次の日本語を中国語に訳しましょう。

① 今日は入学手続きをすることができますか。

_____

② 日曜日は授業がないので、学校に来る必要がありません。

_____

③ 二月七日は土曜日ですか。それとも日曜日ですか。

_____

④ 私はあなたに上海語を教えることができます。

_____

⑤ （あなたは）どうして夏が好きなのですか。

_____

● 大学生活 ●

　中国の大学は広大なキャンパス（校园 xiàoyuán）をもち、さながら一つの都市のように
なっています。入試（高考 gāokǎo）に合格して全国から集まってきた学生は、基本的に学内
にある寮に住み、教職員も専用の宿舎に住んでいます。そのため、大学は教育の場である
だけでなく、多くの人々が日常生活をおくる空間でもあるのです。キャンパスには銀行（银
行 yínháng）や郵便局（邮局 yóujú）、スーパー（超市 chāoshì）だけでなく、病院（医院
yīyuàn）や自転車屋などもあり、生活するのに必要な施設が備わっています。

听着音乐写作业。

Tīngzhe yīnyuè xiě zuòyè.

音楽を聴きながら宿題をします。

本課で学習すること

🍁 動作・行為の進行を表す"在"　　🍁 状態の持続を表す"着"

本文　　🔊 130

田中彩香 的 室友 叫 王琳，她 是 西安人。田中 来
Tiánzhōng Cǎixiāng de shìyǒu jiào Wáng Lín, tā shì Xī'ān rén. Tiánzhōng lái

宿舍 的 时候，王琳 正在 听 钢琴曲，她 喜欢 听着 音乐
sùshè de shíhou, Wáng Lín zhèng zài tīng gāngqínqǔ, tā xǐhuan tīngzhe yīnyuè

写 作业。田中的 爱好 和 王琳 一样，她 也 喜欢 听 音乐，
xiě zuòyè. Tiánzhōng de àihào hé Wáng Lín yíyàng, tā yě xǐhuan tīng yīnyuè,

她 经常 听着 音乐 跑步。田中 和 王琳 加了 微信，明天
tā jīngcháng tīngzhe yīnyuè pǎobù. Tiánzhōng hé Wáng Lín jiāle Wēixìn, míngtiān

早上 她们 一起 去 跑步。
zǎoshang tāmen yìqǐ qù pǎobù.

 🔊 131

Q： 王琳 是 哪里人？
Wáng Lín shì nǎlǐ rén?

A：_____

Q： 田中 来 宿舍 的 时候，王琳 正 在 干 什么？
Tiánzhōng lái sùshè de shíhou, Wáng Lín zhèng zài gàn shénme?

A：_____

Q： 田中 喜欢 听着 音乐 干 什么？
Tiánzhōng xǐhuan tīngzhe yīnyuè gàn shénme?

A：_____

17

🔊 132

新出語句

1. 王琳 Wáng Lín 名 王琳
2. 西安 Xī'ān 名 西安
3. 时候 shíhou 名 …の時
4. 正 zhèng 副 まさに…、ちょうど…
5. 在 zài 副 …している
6. 钢琴曲 gāngqínqǔ 名 ピアノ曲
7. 着 zhe 助 動作の継続、結果の持続を表す

8. 音乐 yīnyuè 名 音楽
9. 爱好 àihào 名 好み、趣味
10. 一样 yíyàng 形 同じである
11. 经常 jīngcháng 副 いつも
12. 跑步 pǎobù 動 ジョギングをする
13. 加 jiā 動 追加する、登録する
14. 微信 Wēixìn 名 ウィーチャット

🔊 133

ポイントの新出語句

1. 空调 kōngtiáo 名 エアコン
2. 开 kāi 動 （機械の）スイッチを入れる、開ける、（機械を）動かす、（店などを）開く
3. 穿 chuān 動 着る
4. 西装 xīzhuāng 名 スーツ

5. 带 dài 動 携帯する、引き連れる
6. 伞 sǎn 名 傘
7. 躺 tǎng 動 横になる
8. 窗户 chuānghu 名 窓
9. 睡觉 shuìjiào 動 寝る

1 動作・行為の進行を表す"在"　　　🔊134

〈動詞（＋目的語）＋呢〉　「〜をしています」

我看书呢。　　　　　　　Wǒ kàn shū ne.

妈妈做饭呢。　　　　　　Māma zuò fàn ne.

爸爸打电话呢。　　　　　Bàba dǎ diànhuà ne.

〈在＋動詞（＋目的語）（＋呢）〉　「〜をしています」

我们在上课。　　　　　　Wǒmen zài shàngkè.

妈妈在运动。　　　　　　Māma zài yùndòng.

他在打工呢。　　　　　　Tā zài dǎgōng ne.

〈正在＋動詞（＋目的語）（＋呢）〉　「〜をしているところです」

我正在弹钢琴。　　　　　Wǒ zhèng zài tán gāngqín.

妈妈正在买东西。　　　　Māma zhèng zài mǎi dōngxi.

爸爸正在看电视呢。　　　Bàba zhèng zài kàn diànshì ne.

2 状態の持続を表す"着" 🔊 135

〈動詞 + 着（+ 目的語）〉「～ている／～てある」

空调开着。　　　Kōngtiáo kāizhe.

他穿着西装。　　Tā chuānzhe xīzhuāng.

否定文　〈没（有）+ 動詞（+ 着）（+ 目的語）〉「～していない」

教室里没开（着）空调。　Jiàoshìli méi kāi (zhe) kōngtiáo.

他没穿（着）西装。　　　Tā méi chuān (zhe) xīzhuāng.

我今天没带（着）伞。　　Wǒ jīntiān méi dài (zhe) sǎn.

〈動詞 + 着（+ 目的語）+ 動詞（+ 目的語）〉「～しながら…する」

※ "着"のついた動詞の後にさらに動詞が続くときは、前の動詞句は後の動詞句の手段や状態を表します。

躺着看电视。　　　　　　　Tǎngzhe kàn diànshì.

超市不远，我们走着去吧。　Chāoshì bù yuǎn, wǒmen zǒuzhe qù ba.

开着窗户睡觉。　　　　　　Kāizhe chuānghu shuìjiào.

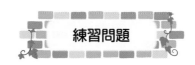

練習問題

1 語句を並べ替えて文を作り、日本語に訳しましょう。

① 开・着・门・的・教室 *门 mén 名 ドア

中国語文 _____

日本語訳 _____

② 里・坐・车・在・他・着 *车 chē 名 車

中国語文 _____

日本語訳 _____

③ 着・我・手机・带・学校・去 *手机 shǒujī 名 携帯電話

中国語文 _____

日本語訳 _____

④ 听・做饭・音乐・着・我・喜欢

中国語文 _____

日本語訳 _____

⑤ 着・经常・我・窗户・开・睡觉

中国語文 _____

日本語訳 _____

2 次の日本語を中国語に訳しましょう。

① 何をしていますか。

_____

17

② 私は買い物をしています。

_____

③ お母さんは音楽を聴きながらご飯を作ることが好きです。

_____

④ あのメガネをかけている人は誰ですか。

*眼鏡 yǎnjìng 名 メガネ　*戴 dài 動（メガネ、手袋などを）身につける

_____

⑤ 私たちはコーヒーを飲んでいます。あなたも来てください。

_____

第 18 课

绿色的比红色的小一点儿。

Lǜsè de bǐ hóngsè de xiǎo yìdiǎnr.

> 緑色のは赤色のより少し小さいです。

本課で学習すること

🍁 "又～又…"　🍁 比較の表現　🍁 数字(2)　🍁 金額の言い方

本文　🔊 136

周末，田中彩香 和 王琳 一起 去 逛 街。她们 进了
Zhōumò, Tiánzhōng Cǎixiāng hé Wáng Lín yìqǐ qù guàng jiē. Tāmen jìnle

一 家 服装店，这 家 店 的 衣服 又 漂亮 又 便宜。田中
yì jiā fúzhuāngdiàn, zhè jiā diàn de yīfu yòu piàoliang yòu piányi. Tiánzhōng

试了 一件 红色 的 旗袍，有点儿 大。她 又 试了 一件
shìle yí jiàn hóngsè de qípáo, yǒudiǎnr dà. Tā yòu shìle yí jiàn

绿色 的，绿色 的 比 红色 的 小 一点儿，正 合适。田中
lǜsè de, lǜsè de bǐ hóngsè de xiǎo yìdiǎnr, zhèng héshì. Tiánzhōng

买了 一件 绿色 的，三百八十 元，她 很 满意。
mǎile yí jiàn lǜsè de, sānbǎi bāshí yuán, tā hěn mǎnyì.

 🔊 137

Q: 这 家 店 的 衣服 怎么样？
　　Zhè jiā diàn de yīfu zěnmeyàng?

A: _____

Q: 绿色 的 旗袍 比 红色 的 旗袍 大 吧？
　　Lùsè de qípáo bǐ hóngsè de qípáo dà ba?

A: _____

Q: 绿色 的 旗袍 多少钱？
　　Lùsè de qípáo duōshao qián?

A: _____

18

新出語句 🔊 138

1. 周末 zhōumò 名 週末
2. 逛街 guàngjiē まちをぶらぶら歩く
3. 进 jìn 動 入る
4. 家 jiā 量 建物、店などを数える
5. 服装店 fúzhuāngdiàn 名 洋服店
6. 又～又… yòu~yòu… ～（でもあり）また…（でもある）
7. 红色 hóngsè 名 赤色
8. 旗袍 qípáo 名 チャイナドレス
9. 有点儿 yǒudiǎnr 副 少し…
10. 大 dà 形 大きい
11. 绿色 lùsè 名 緑色
12. 比 bǐ 前 …より
13. 小 xiǎo 形 小さい、年下
14. 一点儿 yìdiǎnr 少し
15. 合适 héshì 形 ぴったり、ふさわしい
16. 元 yuán 量 通貨の単位「…元」
17. 满意 mǎnyì 形 （望みがかない）満足だ

ポイントの新出語句 🔊 139

1. 聪明 cōngmíng 形 賢い、聪明である
2. 既～又… jì~yòu… ～（でもあり）また…（でもある）
3. 刮风 guā fēng 風が吹く
4. 下雨 xià yǔ 雨が降る
5. 桔子 júzi 名 みかん
6. 甜 tián 形 甘い
7. ～得多 de duō （形容詞の後について）ずっと～だ
8. 成绩 chéngjì 名 成績
9. 不如 bùrú 動 …及ばない
10. 千 qiān 数 千
11. 万 wàn 数 万
12. 亿 yì 数 億
13. 人民币 Rénmínbì 名 人民元
14. 块 kuài 量 通貨の単位「…元」
15. 角 jiǎo 量 通貨の単位「…角」
16. 毛 máo 量 通貨の単位「…角」
17. 分 fēn 量 通貨の単位「…分」

1 "又～又…"「～(でもあり)また…(でもある)」 🔊 140

並列した2つ以上の形容詞または動詞を繋ぐ場合の言い方です。"既～又…"とも言います。

她又聪明又漂亮。　　　　　Tā yòu cōngmíng yòu piàoliang.

今天又刮风又下雨。　　　　Jīntiān yòu guā fēng yòu xià yǔ.

食堂的饭既不好吃又很贵。　Shítáng de fàn jì bù hǎochī yòu hěn guì.

2 比較の表現 🔊 141

"比"〈A + 比 + B + 比較の結果〉「A は B より～」

这个桔子比那个桔子甜。　　　Zhè ge júzi bǐ nà ge júzi tián.

我比你小两岁。　　　　　　　Wǒ bǐ nǐ xiǎo liǎng suì.

这件旗袍比那件旗袍大得多。　Zhè jiàn qípáo bǐ nà jiàn qí páo dà de duō.

"没(有)"、"不如"〈A + 没有 / 不如 + B + 形容詞〉「A は B ほど～ない」

这家店没(有)那家大。　　　Zhè jiā diàn méi (yǒu) nà jiā dà.

今天没(有)昨天冷。　　　　Jīntiān méi (yǒu) zuótiān lěng.

我的成绩不如他的好。　　　Wǒ de chéngjì bùrú tā de hǎo.

3 数字 (2) 100以上の数字 🔊 142

0	1	2	3	4	5	6	7	8	9	10
零	一	二 (两)	三	四	五	六	七	八	九	十
líng	yī	èr (liǎng)	sān	sì	wǔ	liù	qī	bā	jiǔ	shí

11	12	20	21	30	40	100	101
十一	十二	二十	二十一	三十	四十	一百	一百零一
shíyī	shí'èr	èrshí	èrshíyī	sānshí	sìshí	yìbǎi	yìbǎi líng yī

102	110	112	200	1,000
一百零二	一百一十	一百一十二	二百 (两百)	一千
yìbǎi líng èr	yìbǎi yīshí	yìbǎi yīshí'èr	èrbǎi (liǎngbǎi)	yìqiān

2,000	10,000	20,000	100,000,000	200,000,000
两千	一万	两万	一亿	两亿
liǎngqiān	yíwàn	liǎngwàn	yíyì	liǎngyì

4 金額の言い方 🔊 143

▌人民元　　　　人民币　Rénmínbì

▌いくらですか?　多少钱?　Duōshao qián?

お金の単位		口語では	
元	yuán	块	kuài
角	jiǎo	毛	máo
分	fēn	分	fēn

(※ 1元 = 10角 = 100分)

例　「10.50元」

　　⇒　十元五角　　shí yuán wǔ jiǎo

　　　　十块五 (毛)　shí kuài wǔ (máo)　※口語では最後の単位は省略可能です。

「29.65元」

　　⇒　二十九元六角五分　　èr shí jiǔ yuán liù jiǎo wǔ fēn

　　　　二十九块六毛五 (分)　èr shí jiǔ kuài liù máo wǔ (fēn)

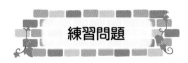

練習問題

1 下記の金額の読み方をピンインと中国語で表記し、中国語で音読しましょう。

① 0.32元

ピンイン _____

中国語文 _____

② 18.02元

ピンイン _____

中国語文 _____

③ 225元

ピンイン _____

中国語文 _____

④ 3285.50元

ピンイン _____

中国語文 _____

⑤ 19547.11元

ピンイン _____

中国語文 _____

2 次の日本語を中国語に訳しましょう。

① お父さんはお茶も飲まないし、コーヒーも飲みません。

_____

② 地下鉄に乗って天神へ行くのは速いし安いです。　　*快 kuài 形 速い

_____

③ 地下鉄は自転車よりだいぶ速いです。

_____

④ 私は弟より5歳年上です。

_____

⑤ 上海は北京ほど寒くありません。

_____

● 中国料理 ●

　一口に中国料理（中国菜 Zhōngguócài）といっても、地方によって様々な特徴があり多様性に富んでいます。とりわけ山東料理（鲁菜 lǔcài）、四川料理（川菜 chuāncài）、広東料理（粤菜 yuècài）、江蘇料理（苏菜 sūcài）、福建料理（闽菜 mǐncài）、浙江料理（浙菜 zhècài）、湖南料理（湘菜 xiāngcài）、安徽料理（徽菜 huīcài）が中国を代表する料理とされ、八大料理（八大菜系 bā dà càixì）と呼ばれています。ほかに北京料理（京菜 jīngcài）は山東料理、上海料理（沪菜 hùcài）は江蘇料理の系統に含まれています。中国の街中を歩いていると、これらの料理名が看板に書いてあるのにくわえて、「清真 qīngzhēn」という単語も目に付きます。これはハラールをほどこしたムスリム（イスラーム教信者）向けの料理を意味しています。

吃得完吗?

Chīdewán ma?

食べ切れますか。

本課で学習すること

🍁 方向補語　　🍁 可能補語　　🍁 助動詞"得"

本 文

🔊144

田中彩香 和 王琳 一起 去 餐厅 吃 饭。王琳 点了 很
Tiánzhōng Cǎixiāng hé Wáng Lín yìqǐ qù cāntīng chī fàn. Wáng Lín diǎnle hěn

多 菜, 一 盘 红烧肉, 两 只 清蒸 大闸蟹, 还有 两份 小
duō cài, yì pán hóngshāo ròu, liǎng zhī qīngzhēng dàzháxiè, hái yǒu liǎng fèn xiǎo

笼包。 田中 担心 吃不完, 王琳 说："不用 担心, 这 家
lóngbāo. Tiánzhōng dānxīn chībuwán, Wáng Lín shuō: "Búyòng dānxīn, zhè jiā

店 的 菜 特别 好吃, 肯定 吃得完"! 吃完 饭 以后, 她们
diàn de cài tèbié hǎochī, kěndìng chīdewán"! Chī wán fàn yǐhòu, tāmen

决定 走回去, 因为 王琳 最近 胖了, 她 得 减肥。
juédìng zǒuhuíqù, yīnwèi Wáng Lín zuìjìn pàng le, tā děi jiǎnféi.

 🔊145

Q： 王琳 点了 什么 菜?
Wáng Lín diǎnle shénme cài?

A：＿＿＿＿＿＿＿＿＿＿＿＿＿＿＿＿＿＿＿＿

Q： 田中 和 王琳 决定 怎么 回 宿舍？
Tiánzhōng hé Wáng Lín juédìng zěnme huí sùshè?

A： _____

Q： 为什么 她们 要 走回去？
Wèishénme tāmen yào zǒuhuíqù?

19

A： _____

◆ 新出語句 ◆   🔊 146

1. 餐厅 cāntīng 名 レストラン
2. 点 diǎn 動 注文する
3. 菜 cài 名 料理、おかず
4. 盘 pán 量 皿に盛った料理などを数える
5. 红烧肉 hóngshāoròu 名 豚の角煮
6. 只 zhī
    量 小動物やペアの片割れなどを数える
7. 清蒸 qīngzhēng 動 蒸す
8. 大闸蟹 dàzháxiè 名 上海蟹
9. 份 fèn
    量 組や揃いになったもの、新聞などを数える
10. 小笼包 xiǎolóngbāo 名 小籠包
11. 担心 dānxīn 動 心配する
12. 吃不完 chībuwán 食べきれない

13. 不用 búyòng
    …する必要がない、…しなくてよい
14. 特别 tèbié 副 特に…
15. 肯定 kěndìng
    副 必ず、間違いなく、きっと
16. 吃得完 chīdewán 食べきれる
17. 吃完 chīwán 食べ終える
18. 以后 yǐhòu 名 あと、以後
19. 决定 juédìng 動 決定する
20. 回去 huíqù 帰っていく
21. 胖 pàng 形 太っている
22. 得 děi 助動 …しなければならない
23. 减肥 jiǎnféi ダイエットする

◆ ポイントの新出語句 ◆   🔊 147

1. 捡 jiǎn 動 拾う
2. 起 qǐ 動 起きる
3. 卖 mài 動 売る
4. 出 chū 動 出る
5. 上 shàng 動 上がる、登る
6. 下 xià 動 くだる、降りる
7. 过 guò
    動 通過する、経過する、超過する、過ごす

8. 拿 ná 動 手に持つ
9. 放心 fàngxīn 動 安心する
10. 少 shǎo 形 少ない
11. 广播 guǎngbō 名 ラジオ
12. 锁 suǒ 動 ロックする
13. 好好儿 hǎohāor 副 よく…、ちゃんと…
14. 休息 xiūxi 動 休憩する
15. 复习 fùxí 動 復習する

113

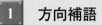

1 方向補語 🔊148

動詞の直後について、動作のおもむく方向を表します。

単純方向補語

进来 jìnlái
入って来る

回去 huíqù
帰って行く

走来 zǒulái
歩いて来る

跑去 pǎoqù
走って行く

捡起 jiǎnqǐ
拾い上げる

卖出 màichū
売り出す

複合方向補語 （色のついた部分が複合方向補語、白い部分が単純方向補語）

	上 shàng	下 xià	进 jìn	出 chū	过 guò	回 huí	起 qǐ
来 lái	上来	下来	进来	出来	过来	回来	起来
去 qù	上去	下去	进去	出去	过去	回去	

走出来 zǒuchūlái ⇔ 走出去 zǒuchūqù
歩いて出て来る 　　　　歩いて出て行く

跑下来 pǎoxiàlái ⇔ 跑下去 pǎoxiàqù
走って降りて来る 　　　走って降りて行く

2 可能補語 🔊149

肯定文

〈動詞＋得＋結果補語〉 〈動詞＋得＋方向補語〉「～できる」

饭很多，我吃得饱，你放心吧。　Fàn hěn duō, wǒ chīdebǎo, nǐ fàngxīn ba.

我听得懂中文广播。　　　　　　Wǒ tīngdedǒng Zhōngwén guǎngbō.

晚上十点我回得来。　　　　　　Wǎnshang shí diǎn wǒ huídelái.

114

否定文

〈 動詞 + 不 + 結果補語 / 方向補語 〉「〜できない」

今天的饭很少，我吃不饱。 Jīntiān de fàn hěn shǎo, wǒ chībubǎo.

我听不懂她说的汉语。 Wǒ tīngbudǒng tā shuō de Hànyǔ.

门锁着，进不去。 Mén suǒzhe, jìnbuqù.

いろいろな疑問文

今天的饭很少，你吃得饱吗？ Jīntiān de fàn hěn shǎo, nǐ chīdebǎo ma?

今天天气不好，他回得来吗？ Jīntiān tiānqì bù hǎo, tā huídelái ma?

你听得懂老师说的话吗？ Nǐ tīngdedǒng lǎoshī shuō de huà ma?

---

3 助動詞 "得" 「〜しなければならない」、「〜する必要がある」 🔊 150

你得好好儿休息。 Nǐ děi hǎohāor xiūxi.

我今天得去打工。 Wǒ jīntiān děi qù dǎgōng.

我得去银行取钱。 Wǒ děi qù yínháng qǔ qián.

明天考试，我今天得复习。 Míngtiān kǎoshì, wǒ jīntiān děi fùxí.

否定するときは、"不用"を用います。「〜しなくてもよい」、「〜する必要がない」

明天没课，不用去学校。 Míngtiān méi kè, búyòng qù xuéxiào.

我的电脑很好，不用买新的。 Wǒ de diànnǎo hěn hǎo, búyòng mǎi xīn de.

1 次の語群から最も相応しい言葉を選び、（　　）に入れて文を完成させ、日本語に訳しましょう。

得　　会　　可以　　想

① （　　　　　　）在这儿吸烟吗？

日本語訳 _____

② 感冒了，你（　　　　　）吃药。

日本語訳 _____

③ 你（　　　　　）走回去还是坐地铁回去？

日本語訳 _____

④ 我不（　　　　　）做小笼包，你教我吧！

日本語訳 _____

2　下記の肯定文を否定文と疑問文に書き換えて、さらに日本語に訳しましょう。

① 老师的话她听得懂。　*话 huà 名 話、言葉

否定文　_____

日本語訳　_____

疑問文　_____

日本語訳　_____

② 一个面包我吃得饱。

否定文　_____

日本語訳　_____

疑問文　_____

日本語訳　_____

③ 这本小说他今天看得完。

否定文　_____

日本語訳　_____

疑問文　_____

日本語訳　_____

19

第 20 课

班里来了新同学。
Bānli láile xīn tóngxué.

新しいクラスメイトが来ました。

本課で学習すること

🍁 存現文　🍁 様態補語　🍁 "一～就…"

本文

🔊 151

王 琳 的 班里 来 了 两 个 新 同学，周末 她们 要 去 唱
Wáng Lín de　bānli　láile　liǎng ge　xīn tóngxué,　zhōumò tāmen　yào qù chàng

卡拉 OK。王 琳 邀请 田中 彩香 一起 去。田中 还 不 会
kǎlā OK.　　Wáng Lín yāoqǐng Tiánzhōng Cǎixiāng　yìqǐ　qù.　Tiánzhōng hái　bú huì

唱 中文歌，王 琳 唱 歌 唱得 很 好，她 想 教 田中 唱
chàng Zhōngwén gē,　Wáng Lín chàng gē　chàngde hěn hǎo,　tā xiǎng jiāo Tiánzhōng chàng

中文 歌。田中 很 聪明，肯定 一 学 就 会。
Zhōngwén gē.　Tiánzhōng hěn cōngmíng,　kěndìng yì　xué jiù　huì.

 一問一答 🔊152

Q： 王琳 的 班里 来了 几 个 新 同学？
　　Wáng Lín de bānli láile jǐ ge xīn tóngxué?

A： _____

Q： 田中 会 唱 中文 歌 吗？
　　Tiánzhōng huì chàng Zhōngwén gē ma?

A： _____

Q： 王琳 唱 歌 唱得 怎么样？
　　Wáng Lín chàng gē chàngde zěnmeyàng?

A： _____

20

新出語句　🔊153

1. 班 bān 　名 クラス
2. 同学 tóngxué 　名 クラスメイト
3. 卡拉OK kǎlā ok 　名 カラオケ
4. 邀请 yāoqǐng 　動 誘う、招待する
5. 得 de 　助 補語を導く
6. 一～就… yī~jiù… 　～するとすぐに…

ポイントの新出語句　🔊154

1. 客人 kèrén 　名 客
2. 孩子 háizi 　名 子ども
3. 水果 shuǐguǒ 　名 果物
4. 天空 tiānkōng 　名 空
5. 出现 chūxiàn 　動 出現する
6. 道 dào 　量 細長く線状に延びたものを数える
7. 彩虹 cǎihóng 　名 虹
8. 跳舞 tiàowǔ 　ダンス（を踊る）
9. 吉他 jítā 　名 ギター
10. 不错 búcuò 　形 なかなかよい
11. 流利 liúlì 　形 流暢である
12. 乒乓球 pīngpāngqiú 　名 卓球
13. 洗 xǐ 　動 洗う
14. 手 shǒu 　名 手

1 存現文

🔊 155

〈 場所を表す語句 ＋ 動詞・形容詞 ＋ 人／モノ 〉

新しく話題にとりあげられる人やモノについて、存在や出現・消失を表します。

※通常、動詞の後ろに"着"や"了"、補語などの成分を伴います。

家里来了很多客人。	Jiāli láile hěn duō kèrén.
前面跑过来一个孩子。	Qiánmian pǎoguòlái yí ge háizi.
桌子上放着很多水果。	Zhuōzi shàng fàngzhe hěn duō shuǐguǒ.
天空出现了一道彩虹。	Tiānkōng chūxiànle yí dào cǎihóng.
我们班少了一个同学。	Wǒmen bān shǎole yí ge tóngxué.

2 様態補語

🔊 156

様態補語によって、ある動作がどのような様態で行われたか、どの状態に達しているかを表します。

目的語が必要な場合　〈 目的語 ＋ 動詞 ＋ 得 ＋ 様態補語 〉

あるいは　〈 動詞 ＋ 目的語 ＋ 前と同じ動詞 ＋ 得 ＋ 様態補語 〉

目的語が必要ない場合　〈 動詞 ＋ 得 ＋ 様態補語 〉

肯定文

佐藤爱乒乓球打得不错。	Zuǒténg Ài pīngpāngqiú dǎde búcuò.
她说汉语说得非常流利。	Tā shuō Hànyǔ shuōde fēicháng liúlì.
他跑得很快。	Tā pǎode hěn kuài.

否定文

他吉他弹得不好。	Tā jítā tánde bù hǎo.
我寿司做得不太好。	Wǒ shòusī zuòde bútài hǎo.
他跳舞跳得不好。	Tā tiàowǔ tiàode bù hǎo.

いろいろな疑問文

他吉他弹得好不好？	Tā jítā tánde hǎo bu hǎo?
她汉语说得怎么样？	Tā Hànyǔ shuōde zěnmeyàng?
谁乒乓球打得好？	Shéi pīngpāngqiú dǎde hǎo?
他跳舞跳得好吗？	Tā tiàowǔ tiàode hǎo ma?

3 "一～就…" 「～するとすぐ…」 ◀)) 157

我一看就懂了。	Wǒ yí kàn jiù dǒngle.
孩子们一回家就洗手。	Háizimen yì huí jiā jiù xǐshǒu.

練習問題

1 語句を並べ替えて文を作り、日本語に訳しましょう。

① 附近・车站・家・一・开・文具店・了

中国語文 _____

日本語訳 _____

② 来・辆・车・前面・一・了

中国語文 _____

日本語訳 _____

③ 三・着・里・教室・坐・学生・个

中国語文 _____

日本語訳 _____

④ 放・桌子・盘・一・红烧肉・着・上

中国語文 _____

日本語訳 _____

⑤ 里・来・餐厅・了・个・两・客人

中国語文 _____

日本語訳 _____

2 次の日本語を中国語に訳しましょう。

① 田中さんは天ぷらを作るのがとても上手です。（様態補語を使う）

＿＿＿＿＿＿＿＿＿＿＿＿＿＿＿＿＿＿＿＿＿＿＿＿＿＿＿＿

② 彼は日本語を話すのがあまり上手ではありません。（様態補語を使う）

＿＿＿＿＿＿＿＿＿＿＿＿＿＿＿＿＿＿＿＿＿＿＿＿＿＿＿＿

③ 今日はとても楽しく遊びました。（様態補語を使う）　＊遊ぶ：玩儿 wánr 動

＿＿＿＿＿＿＿＿＿＿＿＿＿＿＿＿＿＿＿＿＿＿＿＿＿＿＿＿

④ 誰が歌を歌うのが上手いですか？（様態補語を使う）

＿＿＿＿＿＿＿＿＿＿＿＿＿＿＿＿＿＿＿＿＿＿＿＿＿＿＿＿

⑤ 弟は家に帰るとすぐに宿題をやります。

＿＿＿＿＿＿＿＿＿＿＿＿＿＿＿＿＿＿＿＿＿＿＿＿＿＿＿＿

● 春節 ●

　旧暦（农历 nónglì）の正月である春節（春节 Chūnjié）は、中国で最も大事にされる祭日です。毎年西暦の1月下旬から2月上旬にあたり、各地に散らばっている家族や親族も、この日ばかりは故郷に帰って春節を一緒に過ごします。そのため、春節の前後は長距離列車が大混雑します。大晦日から正月にかけては、縁起の良い魚や餃子（饺子 jiǎozi）を食べ、爆竹を鳴らしたりお年玉（红包 hóngbāo）をあげたりして祝います。街中には赤い提灯や対句（对联 duìlián）などが飾られ、まさにお祭りムードになります。「あけましておめでとう」にあたる言葉は、「新年快乐 xīnnián kuàilè」と言います。

外滩夜景很美。

Wàitān yèjǐng hěn měi.

バンドは夜景がとても美しい。

本課で学習すること

🍁 経験を表す"过"　🍁 動作の回数や数量の表し方　🍁 主述述語文

本文

🔊 158

暑假 快 结束 了，田中彩香 要 回 日本 了。晚上，
Shǔjià kuài jiéshù le, Tiánzhōng Cǎixiāng yào huí Rìběn le. Wǎnshang,

她 和 王琳 一起 去 外滩 看 夜景。田中 第一次 去 外滩，
tā hé Wáng Lín yìqǐ qù Wàitān kàn yèjǐng. Tiánzhōng dìyīcì qù Wàitān,

王琳 以前 去过 两 次。外滩 夜景 很 美！东方明珠 很
Wáng Lín yǐqián qùguo liǎng cì. Wàitān yèjǐng hěn měi! Dōngfāng míngzhū hěn

高，有 四百六十八米。她们 一起 合影，纪念 这 段 美好
gāo, yǒu sìbǎi liùshíbā mǐ. Tāmen yìqǐ héyǐng, jìniàn zhè duàn měihǎo

的 时光。
de shíguāng.

Q： 东方明珠 有 多少 米?
Dōngfāng míngzhū yǒu duōshao mǐ?

A： _____

Q： 田中 以前 去过 外滩 吗?
Tiánzhōng yǐqián qùguo Wàitān ma?

A： _____

Q： 王琳 以前 去过 几 次 外滩?
Wáng Lín yǐqián qùguo jǐ cì Wàitān?

A： _____

21

新出語句 🔊160

1. 结束 jiéshù 動 終わる、終える
2. 外滩 Wàitān 名 バンド（上海市中心部にある）
3. 夜景 yèjǐng 名 夜景
4. 第一次 dìyīcì 初めて
5. 以前 yǐqián 名 以前
6. 过 guo 助 …したことがある
7. 次 cì 量 動作行為の回数を数える
8. 美 měi 形 美しい

9. 东方明珠 Dōngfāng míngzhū 名 東方明珠タワー
10. 米 mǐ 量 長さの単位（…メートル）
11. 合影 héyǐng 動 何人かで一緒に写真を撮る
12. 纪念 jìniàn 動 記念する
13. 段 duàn 量 一定の長さのもの（時間、文章など）を数える
14. 美好 měihǎo 形 素晴らしい、美しい
15. 时光 shíguāng 名 時間、歳月

ポイントの新出語句 🔊161

1. 韩语 Hányǔ 名 韓国語
2. 意大利 Yìdàlì 名 イタリア
3. 漫画 mànhuà 名 マンガ
4. 外语 wàiyǔ 名 外国語
5. 着急 zháojí 動 急ぐ、焦る
6. 每天 měitiān 名 毎日
7. 顿 dùn 量 食事などの回数を数える
8. 小时 xiǎoshí 名 …時間

9. 部 bù 量 映画や本などを数える
10. 一年 yì nián 一年間
11. 见 jiàn 動 会う
12. 女朋友 nǚpéngyou 名 ガールフレンド
13. 问题 wèntí 名 問題
14. 头 tóu 名 頭
15. 眼睛 yǎnjing 名 目

1 経験を表す "过" 🔊 162

肯定文 〈動詞 + 过〉「〜したことがある」

佐藤学过韩语。	Zuǒténg xuéguo Hányǔ.
我去过意大利。	Wǒ qùguo Yìdàlì.
李明看过日本漫画。	Lǐ Míng kànguo Rìběn mànhuà.

否定文 〈没（有）＋動詞 + 过〉 「〜したことがない」
〈还没（有）＋動詞 + 过〉「まだ〜したことがない」

我没吃过小笼包。	Wǒ méi chīguo xiǎolóngbāo.
他还没去过我家。	Tā hái méi qùguo wǒ jiā.
李明没唱过英语歌。	Lǐ Míng méi chàngguo Yīngyǔ gē.

いろいろな疑問文

你学过韩语吗？	Nǐ xuéguo Hányǔ ma?
田中学过什么外语？	Tiánzhōng xuéguo shénme wàiyǔ?
你去没去过意大利？	Nǐ qù méi qùguo Yìdàlì?
你去过他家没有？	Nǐ qùguo tā jiā méiyǒu?

2 動作の回数や数量の表し方 🔊 163

〈 動詞 + 回数 / 数量（＋目的語）〉

休息一下吧，不着急。	Xiūxi yíxià ba, bù zháojí.
我每天做三顿饭。	Wǒ měitiān zuò sān dùn fàn.
你每天看几个小时电视？	Nǐ měitiān kàn jǐ ge xiǎoshí diànshì?

〈 動詞 + 了 / 过 + 回数 / 数量（＋目的語）〉

昨天我看了两部电影。	Zuótiān wǒ kànle liǎng bù diànyǐng.
我去过一次意大利。	Wǒ qùguo yí cì Yìdàlì.
她学过一年韩语。	Tā xuéguo yì nián Hányǔ.

目的語が人や場所などの場合、目的語を回数の前に置くこともあります。

〈 動詞 + 了 / 过 + 目的語 + 回数〉

暑假我见了他两次。	Shǔjià wǒ jiànle tā liǎng cì.
他去过女朋友家一次。	Tā qùguo nǚpéngyou jiā yí cì.
这个问题，我教过你一次。	Zhè ge wèntí, wǒ jiāoguo nǐ yí cì.

3 主述述語文 「〜は…が…だ」（「象は鼻が長い」式の文） 🔊 164

〈 主語1 + $\dfrac{述語1}{(主語2 + 述語2)}$ 〉

我头疼。	Wǒ tóu téng.
她眼睛很大。	Tā yǎnjing hěn dà.
明天天气怎么样？	Míngtiān tiānqì zěnmeyàng?

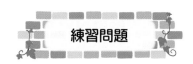

練習問題

---

1 語句を並べ替えて文を作り、日本語に訳しましょう。

① 过・坐・飞机・次・你・几・？

中国語文 _____

日本語訳 _____

② 两・吃・我・了・面包・个・今天

中国語文 _____

日本語訳 _____

③ 一・丢・我・钱包・过・次　　*丢 diū 動 なくす　*钱包 qiánbāo 名 財布

中国語文 _____

日本語訳 _____

④ 昨天・了・四・饭・顿・我・吃

中国語文 _____

日本語訳 _____

⑤ 运动・我妈妈・个・两・每天・小时

中国語文 _____

日本語訳 _____

2 次の日本語を中国語に訳しましょう。

① あなたは学校の南側のマクドナルドに行ったことがありますか？

_____

② 私は先週の水曜日にこの病院に来たことがあります。

_____

③ 佐藤さんはまだ中国の漫画を読んだことがありません。

_____

④ 弟は宿題が多くありません。（主述述語文）

_____

⑤ 中国は人口がとても多いです。（主述述語文）　*人口：rénkǒu 名 人口

_____

第22课

她让我有空儿常联系。

Tā ràng wǒ yǒu kòngr cháng liánxì.

彼女は私に暇があればよく連絡するように言った。

本課で学習すること

🍁 "除了～（以外）" 🍁 "不仅～还…" 🍁 使役動詞"让"

本文

🔊 165

这 个 暑假 我 去 上海 留学 了。 在 上海， 我 交了
Zhè ge shǔjià wǒ qù Shànghǎi liúxué le. Zài Shànghǎi, wǒ jiāole

一 个 中国 朋友， 她 叫 王 琳， 她 是 一 个 开朗 热情 的
yí ge Zhōngguó péngyou, tā jiào Wáng Lín, tā shì yí ge kāilǎng rèqíng de

女孩儿。 除了 学习 汉语 以外， 我 还 参观了 很 多 上海 的
nǚháir. Chúle xuéxí Hànyǔ yǐwài, wǒ hái cānguānle hěn duō Shànghǎi de

景点， 吃了 很多 好吃 的 中国菜， 这 个 暑假 过得 很 有 意义。
jǐngdiǎn, chīle hěnduō hǎochī de Zhōngguócài, zhè ge shǔjià guòde hěn yǒu yìyì.

王 琳 让 我 有 空儿 常 联系， 最近 我 不仅 用 汉语 给 王 琳
Wáng Lín ràng wǒ yǒu kòngr cháng liánxì, zuìjìn wǒ bùjǐn yòng Hànyǔ gěi Wáng Lín

写 信， 还 用 汉语 写 日记， 大家 都 说 我 的 汉语 进步 了。
xiě xìn, hái yòng Hànyǔ xiě rìjì, dàjiā dōu shuō wǒ de Hànyǔ jìnbù le.

（田中彩香的日记）

 一問一答 🔊 166

Q: 王琳 是 一 个 什么样 的 女孩儿?
Wáng Lín shì yí ge shénmeyàng de nǚháir?

A: _____

Q: 这 个 暑假, 除了 学习 汉语 以外, 田中 还 干 什么 了?
Zhè ge shǔjià, chúle xuéxí Hànyǔ yǐwài, Tiánzhōng hái gàn shénme le?

A: _____

22

Q: 王琳 让 田中 干 什么?
Wáng Lín ràng Tiánzhōng gàn shénme?

A: _____

新出語句 🔊 167

1. 开朗 kāilǎng 形 朗らかである
2. 热情 rèqíng
   形 心がこもっている、親切である
3. 除了〜(以外) chúle〜(yǐwài)
   〜を除いて、〜のほかに
4. 参观 cānguān 動 見学する、参観する
5. 景点 jǐngdiǎn 名 観光スポット、名所
6. 意义 yìyì 名 意義
7. 让 ràng 前 〜に…させる
8. 有空儿 yǒukòngr 暇がある

9. 常 cháng 副 いつも…
10. 联系 liánxì 動 連絡する
11. 不仅〜还… bùjǐn〜hái…
    〜のみならず、さらに…
12. 用 yòng 動 用いる
13. 信 xìn 名 手紙
14. 日记 rìjì 名 日記
15. 进步 jìnbù 動 進歩する
16. 什么样 shénmeyàng 疑 どのような

ポイントの新出語句 🔊 168

1. 网球 wǎngqiú 名 テニス
2. 篮球 lánqiú 名 バスケットボール
3. 事 shì 名 こと
4. 知道 zhīdào 動 知る、分かる
5. 参加 cānjiā 動 参加する
6. 报纸 bàozhǐ 名 新聞

7. 牛奶 niúnǎi 名 牛乳
8. 晚 wǎn 形 時間が遅い
9. 久等 jiǔ děng 長い間待つ
10. 打游戏 dǎ yóuxì 電子ゲームをする
11. 医生 yīshēng 名 医者

1 "除了～（以外）" 「～を除いて、～のほかに」 🔊169

除了会打网球以外，她还会打篮球。
Chúle huì dǎ wǎngqiú yǐwài, tā hái huì dǎ lánqiú.

这件事除了你，大家都不知道。
Zhè jiàn shì chúle nǐ, dàjiā dōu bù zhīdào.

2 "不仅～还…" 「～のみならず、さらに…」 🔊170

他不仅参加篮球比赛，还参加足球比赛。
Tā bùjǐn cānjiā lánqiú bǐsài, hái cānjiā zúqiú bǐsài.

我不仅每天看中文报纸，还听中文广播。
Wǒ bùjǐn měitiān kàn Zhōngwén bàozhǐ, hái tīng Zhōngwén guǎngbō.

3 使役動詞"让" 「Aに～させる」 🔊171

〈让＋A＋動詞〉
この場合Aは"让"の目的語であり、後の動詞の主語でもあります。"让"のほかに、"叫 jiào"もよく使われます。

肯定文

妈妈让我买牛奶。　　　　　　Māma ràng wǒ mǎi niúnǎi.

我来晚了，让你久等了。　　　Wǒ láiwǎn le, ràng nǐ jiǔ děng le.

老师让我参加比赛。　　　　　Lǎoshī ràng wǒ cānjiā bǐsài.

否定文

妈妈不让我去留学。　　　　　Māma bú ràng wǒ qù liúxué.

医生不让我爸爸吸烟。　　　　Yīshēng bú ràng wǒ bàba xīyān.

妈妈不让妹妹打游戏。　　　　Māma bú ràng mèimei dǎ yóuxì.

いろいろな疑問文

你妈妈让你去美国留学吗？　　Nǐ māma ràng nǐ qù Měiguó liúxué ma?

你爸爸让不让你打游戏？　　　Nǐ bàba ràng bu ràng nǐ dǎ yóuxì?

老师让谁参加比赛？　　　　　Lǎoshī ràng shéi cānjiā bǐsài?

22

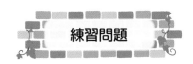

練習問題

1 語句を並べ替えて文を作り、日本語に訳しましょう。

① 家・在・让・医生・我・休息

中国語文 _____

日本語訳 _____

② 明天・十点・让・老师・上午・去・学校・我

中国語文 _____

日本語訳 _____

③ 她家・不让・去・她・我

中国語文 _____

日本語訳 _____

④ 不让・你・让・你妈妈・游戏・打・?

中国語文 _____

日本語訳 _____

⑤ 什么・让・老师・你・干・?

中国語文 _____

日本語訳 _____

2 次の日本語を中国語に訳しましょう。

① 田中さんは英語だけでなく、中国語も話せます。

_____

② 佐藤さん以外、私たちはみな中国人です。

_____

③ 日曜日を除けば、私は毎日学校へ行きます。

_____

④ このパンはおいしいだけでなく、安いです。

_____

⑤ 医者は私に喫煙をさせません。

_____

我和他是在大学里认识的。

Wǒ hé tā shì zài dàxuéli rènshi de.

私は彼と大学で知り合ったのです。

本課で学習すること

🍁 "把"構文　　🍁 "不是〜就是…"　　🍁 "是〜的"構文

本 文

🔊 172

我 每天 早上 六点半 起床。先 刷牙、洗 脸，然后
Wǒ měitiān zǎoshang liù diǎn bàn qǐchuáng. Xiān shuā yá、 xǐ liǎn, ránhòu

化妆。七点 左右 吃 早饭。早饭 一般 吃 一 片 面包，喝 一
huàzhuāng. Qī diǎn zuǒyòu chī zǎofàn. Zǎofàn yìbān chī yí piàn miànbāo, hè yì

杯 牛奶。吃完 早饭 以后 把 房间 打扫 干净，八点 去 学校。
bēi niúnǎi. Chīwán zǎofàn yǐhòu bǎ fángjiān dǎsǎo gānjìng, bā diǎn qù xuéxiào.

上午 一般 有 课，下午 不 是 上课 就 是 去 图书馆。周末
Shàngwǔ yìbān yǒu kè, xiàwǔ búshì shàngkè jiùshì qù túshūguǎn. Zhōumò

有时候 去 打工，有时候 和 男朋友 去 看 电影。我 男朋友
yǒushíhou qù dǎgōng, yǒu shíhou hé nánpéngyou qù kàn diànyǐng. Wǒ nánpéngyou

是 中国人，我 和 他 是 在 大学里 认识 的。他 很 聪明，
shì Zhōngguórén, wǒ hé tā shì zài dàxuéli rènshi de. Tā hěn cōngmíng,

也 很 帅，对 我 非常 好。我们 打算 春假 一起 去 中国
yě hěn shuài, duì wǒ fēicháng hǎo. Wǒmen dǎsuàn chūnjià yìqǐ qù Zhōngguó

旅游。
lǚyóu.

（田中彩香的日记）

一問一答 🔊 173

Q: 她 每天 早上 几点 起床?
Tā měitiān zǎoshang jǐ diǎn qǐchuáng?

A: _____

Q: 她 每天 下午 干 什么?
Tā měitiān xiàwǔ gàn shénme?

A: _____

Q: 她 周末 干 什么?
Tā zhōumò gàn shénme?

A: _____

Q: 她 和 男朋友 是 怎么 认识 的?
Tā hé nánpéngyou shì zěnme rènshi de?

A: _____

23

🔊 174

新出語句

1. 起床 qǐchuáng 起床する
2. 刷牙 shuā yá 歯を磨く
3. 脸 liǎn 名 顔
4. 化妆 huàzhuāng 動 化粧する
5. 左右 zuǒyòu 名 …くらい
6. 一般 yìbān 副 普通、一般的である
7. 片 piàn 量 平たくて薄いものを数える
8. 把 bǎ 前 動作の対象を導く
9. 打扫 dǎsǎo 動 掃除する
10. 干净 gānjìng 形 清潔である
11. 上午 shàngwǔ 名 午前
12. 不是～就是… búshì～jiùshì… ～でなければ…である
13. 有时候 yǒushíhou 副 時には…
14. 男朋友 nánpéngyou 名 ボーイフレンド
15. 认识 rènshi 動 見知っている
16. 帅 shuài 形 かっこいい
17. 春假 chūnjià 名 春休み

🔊 175

ポイントの新出語句

1. 聚会 jùhuì 名 集まり
2. 修 xiū 動 修理する
3. 练习题 liànxítí 名 練習問題
4. 坏消息 huài xiāoxi 名 悪い知らせ
5. 关 guān 動 (電源を)切る、閉める
6. 垃圾 lājī 名 ゴミ
7. 扔 rēng 動 捨てる
8. 聊天 liáotiān 動 雑談する
9. 去年 qùnián 名 去年
10. 天津 Tiānjīn 名 天津

137

文法ポイント

1 "把"構文 176

"把"を用い、目的語（特定のもの）を動詞の前に引き出し、目的語に対して何らかの処置を施すことを強調します。"处置文"とも呼ばれます。

肯定文 〈把＋A＋動詞＋（その他の成分）〉「Aを～する」

「A」：動作の対象
「その他の成分」："了"や動詞の重ね型、補語など

弟弟把我的面包吃了。 Dìdi bǎ wǒ de miànbāo chīle.
请把电脑修一修。 Qǐng bǎ diànnǎo xiū yi xiū.
我想把练习题做完。 Wǒ xiǎng bǎ liànxítí zuòwán.

否定文 〈不／没＋把＋A＋動詞＋（その他の成分）〉

我不把这个坏消息告诉她。 Wǒ bù bǎ zhè ge huài xiāoxi gàosu tā.
我没把房间打扫干净。 Wǒ méi bǎ fángjiān dǎsǎo gānjìng.
他还没把我的电视修好。 Tā hái méi bǎ wǒ de diànshì xiūhǎo.

いろいろな疑問文

你把电脑修好了吗？ Nǐ bǎ diànnǎo xiūhǎole ma?
你把练习题做完了没有？ Nǐ bǎ liànxítí zuòwánle méiyǒu?
什么时候把空调关了？ Shénme shíhou bǎ kōngtiáo guānle?
你怎么没把垃圾扔了？ Nǐ zěnme méi bǎ lājī rēngle?

2 "不是～就是…" 「～でなければ…だ」（選択関係） 🔊177

这件衣服不是我妈妈的，就是我姐姐的。
Zhè jiàn yīfu búshì wǒ māma de, jiùshì wǒ jiějie de.

我们聚会的时候不是聊天，就是去唱卡拉 OK。
Wǒmen jùhuì de shíhou búshì liáotiān, jiùshì qù chàng kǎlā ok.

3 "是～的" 構文 🔊178

すでに起こった出来事に対し、その時間、場所、手段などを説明したり、たずねたりする場合に使います。否定文以外、"是" が省略される場合があります。

目的語が場所の場合、"的" は目的語の前に来ることもあります。

学校（是）从什么时候开始放暑假的？
Xuéxiào (shì) cóng shénme shíhou kāishǐ fàng shǔjià de?

学校（是）从八月一号开始放暑假的。
Xuéxiào (shì) cóng bā yuè yī hào kāishǐ fàng shǔjià de.

他（是）从日本来的吗？
Tā (shì) cóng Rìběn lái de ma?

他不是从日本来的。
Tā bú shì cóng Rìběn lái de.

你（是）怎么去天津的？/ 你（是）怎么去的天津？
Nǐ (shì) zěnme qù Tiānjīn de? / Nǐ (shì) zěnme qù de Tiānjīn?

我（是）坐飞机去天津的。/ 我（是）坐飞机去的天津。
Wǒ (shì) zuò fēijī qù Tiānjīn de. / Wǒ (shì) zuò fēijī qù de Tiānjīn.

練習問題

1 　語句を並べ替えて文を作り、日本語に訳しましょう。

① 果汁・喝・了・把・我・完

中国語文 _____

日本語訳 _____

② 是・你・什么时候・的・去・?

中国語文 _____

日本語訳 _____

③ 吧・把・写・作业・你・了・完・?

中国語文 _____

日本語訳 _____

④ 把・谁・的・面包・了・我・吃・?

中国語文 _____

日本語訳 _____

⑤ 意大利・的・来・是・我・从

中国語文 _____

日本語訳 _____

2 次の日本語を中国語に訳しましょう。

① 日曜日、彼は家でテレビを見るか、アルバイトをします。

_____

② あの人は英語の先生か、中国語の先生です。

_____

③ あの本は田中さんのじゃなかったら、佐藤さんのです。

_____

④ 彼女は土曜日に来なかったら、日曜日に来ます。

_____

⑤ 彼は福岡出身でなければ、長崎出身です。

_____

23

第 24 课

我被兵马俑深深地吸引了。

Wǒ bèi Bīngmǎyǒng shēnshēn de xīyǐn le.

兵馬俑に強く惹かれました。

本課で学習すること

🍁 逆接表現 "虽然～（但）是…"　🍁 仮定表現 "如果～的话"　🍁 受け身文
🍁 動詞を修飾する "地"

本文　🔊 179

王琳：
Wáng Lín:

好久 不见！ 最近 好 吗？
Hǎojiǔ bú jiàn! Zuìjìn hǎo ma?

回 日本 后， 我 每天 都 学习、打工， 非常 忙。
Huí Rìběn hòu, wǒ měitiān dōu xuéxí、dǎgōng, fēicháng máng.

但是 过得 很 充实、愉快！ 虽然 回 日本 了， 但是 我
Dànshì guòde hěn chōngshí、yúkuài! Suīrán huí Rìběn le, dànshì wǒ

还是 每天 坚持 学 汉语。我 打算 春假 的 时候 再 去
háishì měitiān jiānchí xué Hànyǔ. Wǒ dǎsuàn chūnjià de shíhou zài qù

一次 上海， 有 时间 的 话， 我 还 想 去 你 的 老家 西安
yícì Shànghǎi, yǒu shíjiān de huà, wǒ hái xiǎng qù nǐ de lǎojiā Xī'ān

看看。最近 我 正在 看 介绍 西安 的 书，我 被 兵马俑
kànkan. Zuìjìn wǒ zhèngzài kàn jièshào Xī'ān de shū, wǒ bèi Bīngmǎyǒng

深深 地 吸引 了！
shēnshēn de xīyǐn le!

祝 你 学习 进步， 天天 快乐！
Zhù nǐ xuéxí jìnbù, tiāntiān kuàilè!

田中 彩香
Tiánzhōng Cǎixiāng

 🔊180

Q: 回 日本 后，田中 过得 怎么样？
Huí Rìběn hòu, Tiánzhōng guòde zěnmeyàng?

A: _____

Q: 她 打算 春假 干 什么？
Tā dǎsuàn chūnjià gàn shénme?

A: _____

Q: 她 为什么 想 去 西安？
Tā wèishénme xiǎng qù Xī'ān?

A: _____

24

🔊181

新出語句

1. 好久不见 hǎojiǔ bú jiàn　久しぶり
2. 虽然～但(是)… suīrán～dàn (shì)…
　　　～だが、…
3. 充实 chōngshí　[形]充実している
4. 愉快 yúkuài　[形]愉快である
5. 坚持 jiānchí　[動]堅持する、頑張って続ける
6. (如果)～的话… (rúguǒ)～dehuà…
　　　もし～ならば…

7. 老家 lǎojiā　[名]実家
8. 被 bèi　[前]受動を表す
9. 兵马俑 Bīngmǎyǒng　[名]兵馬俑
10. 深深 shēnshēn　深々と
11. 地 de　[助]連用修飾語を導く
12. 吸引 xīyǐn　[動]魅了する
13. 祝 zhù　[動]祈る、願う、祝う
14. 天天快乐 tiāntiān kuàilè　毎日楽しい

🔊182

ポイントの新出語句

1. 只 zhǐ　[副]ただ…だけ
2. 努力 nǔlì　[形]努力している
3. 表扬 biǎoyáng　[動]褒める
4. 偷 tōu　[動]盗む
5. 帽子 màozi　[名]帽子
6. 淋 lín　[動](水などが)かかる、濡れる

7. 湿 shī　[形]湿っている、濡れている
8. 从来 cónglái　[副]従来
9. 故事 gùshi　[名]物語
10. 感动 gǎndòng　[動]感動する
11. 急急忙忙 jíjímángmáng　[形]慌ただしい
12. 尽情 jìnqíng　[副]思う存分

1 逆接表現 "虽然〜，但(是)…" 「〜だが、しかし…」 🔊 183

"虽然"を省略することができます。

虽然佐藤只学了一年汉语，但(是)她说得很流利。
Suīrán Zuǒténg zhǐ xuéle yì nián Hànyǔ, dàn (shì) tā shuōde hěn liúlì.

虽然她工作很忙，但是每天坚持运动。
Suīrán tā gōngzuò hěn máng, dànshì měitiān jiānchí yùndòng.

虽然他很聪明，但是不太努力。
Suīrán tā hěn cōngmíng, dànshì bútài nǔlì.

（虽然）下雪了，但(是)不太冷。
(Suīrán) xià xuě le, dàn (shì) bútài lěng.

2 仮定表現 "如果〜的话…" 「もし〜ならば…」 🔊 184

"如果"か"的话"、どちらか一方を省略できます。

如果你有时间的话，请来我家喝茶。
Rúguǒ nǐ yǒu shíjiān dehuà, qǐng lái wǒ jiā hē chá.

如果你想减肥，明天早上和我一起去跑步吧。
Rúguǒ nǐ xiǎng jiǎnféi, míngtiān zǎoshang hé wǒ yìqǐ qù pǎobù ba.

3 受け身文 「Aに〜される」 🔊 185

肯定文 〈被 / 让 / 叫（＋A）＋動詞〉

田中被老师表扬了。	Tiánzhōng bèi lǎoshī biǎoyáng le.
他的钱包被偷走了。	Tā de qiánbāo bèi tōuzǒu le.
我的课本让李明拿走了。	Wǒ de kèběn ràng Lǐ Míng názǒu le.
她的帽子叫雨淋湿了。	Tā de màozi jiào yǔ línshī le.

否定文 〈不 / 没 + 被 / 让 / 叫（+A）+ 動詞〉

他很聪明，从来不被骗。　　　Tā hěn cōngmíng, cónglái bú bèi piàn.

姐姐的手机没被偷走。　　　　Jiějie de shǒujī méi bèi tōuzǒu.

我的书没让弟弟拿走。　　　　Wǒ de shū méi ràng dìdi názǒu.

她的衣服没叫雨淋湿。　　　　Tā de yīfu méi jiào yǔ línshī.

いろいろな疑問文

※反復疑問文の場合、"被 / 让 / 叫"の前に"是不是"を用います。

你经常被老师表扬吗？　　　　Nǐ jīngcháng bèi lǎoshī biǎoyáng ma?

他的书被谁拿走了？　　　　　Tā de shū bèi shéi názǒu le?

你是不是让人骗了？　　　　　Nǐ shì bu shì ràng rén piàn le?

她的帽子是不是叫雨淋湿了？　Tā de màozi shì bu shì jiào yǔ línshī le?

4　動詞を修飾する"地"　　🔊186

我被这个故事深深地感动了。　Wǒ bèi zhè ge gùshi shēnshēn de gǎndòng le.

他急急忙忙地走了。　　　　　Tā jíjímángmáng de zǒule.

我们今天尽情地玩儿。　　　　Wǒmen jīntiān jìnqíng de wánr.

1 日本語の意味に合うように、語句を並べ替えましょう。

① 私の財布は彼に持ち去られました。

被・他・拿走・我・钱包・的・了

_____

② わたしの抹茶ケーキは誰に食べられましたか。

被・谁・的・蛋糕・了・我・吃・抹茶・？

_____

③ 今日は日曜日ですが、私は勉強しなければなりません。

星期日・虽然・今天・是・我・但是・学习・得

_____

④ 安いなら、私は一つ買いたいです。

便宜・我・买・的话・想・如果・个・一

_____

⑤ とても安いけど、私は買いたくないです。

便宜・我・买・很・想・虽然・不・但是

_____

2 次の語群から最も相応しい言葉を選び、（　　）に入れて文を完成させ、日本語に訳しましょう。

的　　　地　　　得

① 这是谁买（　　　）旗袍?

　日本語訳 _____

② 他房间打扫（　　　）很干净。

　日本語訳 _____

③ 这辆车是我（　　　）。

　日本語訳 _____

④ 因为我想去中国旅游，所以我很努力（　　　）学习汉语。

　日本語訳 _____

⑤ 在教室里不要大声（　　　）说话。　　*大声 dàshēng 大きな声

　日本語訳 _____

講読編 単語索引

＊数字は課数を表す。「ポ」はポイントを意味する。

	部 bù	21 ポ

昨日	昨天	zuótiān	9 ポ
客	客人	kèrén	20 ポ
休憩する	休息	xiūxi	19 ポ
教科書	课本	kèběn	8 ポ
牛乳	牛奶	niúnǎi	22 ポ
京都	京都	Jīngdū	12 ポ
今日	今天	jīntiān	8 ポ
餃子	饺子	jiǎozi	14 ポ
教室	教室	jiàoshì	16 ポ
去年	去年	qùnián	23 ポ
きれいだ	漂亮	piàoliang	14
着る	穿	chuān	17 ポ
（電源を）切る、閉める			
	关	guān	23 ポ

空港	机场	jīchǎng	8 ポ
ください、…したい、しなければならない			
くだる、降りる	下	xià	19 ポ
	要	yào	16
果物	水果	shuǐguǒ	20 ポ
くつ	鞋	xié	10 ポ
組や揃いになったもの、新聞などを数える			
	份	fèn	19
…くらい	左右	zuǒyòu	23
クラス	班	bān	20
クラスメイト	同学	tóngxué	20
来る	来	lái	7 ポ
車	车	chē	17

携帯する、引き連れる			
	带	dài	17 ポ
携帯電話	手机	shǒujī	17
経過する、超過する	过	guò	19 ポ
ケーキ	蛋糕	dàngāo	13
化粧する	化妆	huàzhuāng	23
結婚する	结婚	jiéhūn	16 ポ
決定する	决定	juédìng	19
下車する	下车	xià chē	12
現金	现金	xiànjīn	16 ポ

堅持する、頑張って続ける			
	坚持	jiānchí	24
見学する、参観する	参观	cānguān	22

恋しく思う	想念	xiǎngniàn	24
公園	公园	gōngyuán	12 ポ
紅茶	红茶	hóngchá	16 ポ
コーヒー	咖啡	kāfēi	10 ポ
コーラ	可乐	kělè	16 ポ
国際文化学部	国际文化系		
		guójì wénhuà xì	6
午後	下午	xiàwǔ	12 ポ
ここ、そこ	这儿	zhèr	8 ポ
ここ、そこ	这里	zhèlǐ	8 ポ
ここ数日、最近	最近	zuìjìn	14
心がこもっている、親切である			
	热情	rèqíng	22
個数を数える	个	ge	10
午前	上午	shàngwǔ	23
コップに入ったものを数える			
	杯	bēi	10 ポ
こと	事	shì	22 ポ
今年	今年	jīnnián	9
子ども	孩子	háizi	20 ポ
好み、趣味	爱好	àihào	17
好む、好きだ	喜欢	xǐhuan	13 ポ
ごはん	饭	fàn	13
ゴミ	垃圾	lājī	23 ポ
これ、それ	这	zhè	8
コンビニ	便利店	biànlìdiàn	10 ポ

（年齢を数える）…歳	岁	suì	9
財布	钱包	qiánbāo	21
探す	找	zhǎo	15 ポ
魚	鱼	yú	10 ポ
誘う、招待する	邀请	yāoqǐng	20
雑誌	杂志	zázhì	13 ポ
雑談する	聊天	liáotiān	23 ポ
佐藤愛	佐藤爱	Zuǒténg Ài	7

スープ	汤	tāng	14 ポ
少ない	少	shǎo	19 ポ
少し	一点儿	yìdiǎnr	18
少し…	有点儿	yǒudiǎnr	18
寿司	寿司	shòusī	13
ずっと	一直	yìzhí	16 ポ
(形容詞の後について)ずっと〜だ			
	〜得多	de duō	18 ポ
すでに…、もう…	已经	yǐjīng	15 ポ
捨てる	扔	rēng	23 ポ
素晴らしい、美しい	美好	měihǎo	21
住む、泊まる	住	zhù	16
する	做	zuò	10 ポ
する	办	bàn	16
…するつもりだ	打算	dǎsuàn	15
〜するとすぐに…	一〜就…	yī〜jiù…	20
…する必要がない、…しなくてよい			
	不用	búyòng	19

せ

清潔である	干净	gānjìng	23
成績	成绩	chéngjì	18 ポ
西安	西安	Xī'ān	17
西北大学	西北大学	Xīběi dàxué	6
セットになったものを数える			
	套	tào	14
千	千	qiān	18 ポ
先月	上个月	shànggeyuè	9
先生	老师	lǎoshī	6 ポ
選択する	选择	xuǎnzé	16

そ

掃除する	打扫	dǎsǎo	23
相談する	商量	shāngliang	13 ポ
そこ、あそこ	那儿	nàr	8 ポ
そこ、あそこ	那里	nàlǐ	8 ポ
その後…、それから…			
	然后	ránhòu	11
その場を離れる、歩く、行く			
	走	zǒu	13 ポ
空	天空	tiānkōng	20 ポ

それ	它	tā	6 ポ
それ、あれ	那	nà	8 ポ
それら	它们	tāmen	6 ポ

た

退院する	出院	chūyuàn	15 ポ
ダイエットする	减肥	jiǎnféi	19
大学生	大学生	dàxuéshēng	6 ポ
ただ…だけ	只	zhǐ	24 ポ
〜だが、…	虽然〜但(是)…		
	suīrán〜dàn(shì)…		24
卓球	乒乓球	pīngpāngqiú	20 ポ
建物、店などを数える			
	家	jiā	18
田中彩香	田中彩香		
	Tiánzhōng Cǎixiāng		6
束になっているものを数える			
	束	shù	15 ポ
タバコを吸う	吸烟	xīyān	16 ポ
食べきれない	吃不完	chībùwán	19
食べきれる	吃得完	chīdéwán	19
食べておいしい	好吃	hǎochī	8
食べる	吃	chī	8
食べ終える	吃完	chīwán	19
誰	谁	shéi	9 ポ
ダンス(を踊る)	跳舞	tiàowǔ	20 ポ
試す	试	shì	13 ポ
短期	短期	duǎnqī	15
誕生日	生日	shēngrì	9

ち

小さい、年下	小	xiǎo	18
地下鉄	地铁	dìtiě	12
地下鉄の駅	地铁站	dìtiězhàn	11 ポ
地図	地图	dìtú	10 ポ
父	爸爸	bàba	5
父方の祖父	爷爷	yéye	5
父方の祖母	奶奶	nǎinai	5
チャイナドレス	旗袍	qípáo	18
中国語	汉语	Hànyǔ	12
中国語	中文	zhōngwén	14 ポ

153

弾く	弾 tán	7 ポ	
飛行機	飞机 fēijī	10 ポ	
久しぶり	好久不见 hǎojiǔ bújiàn	24	
非常に…、とても…	非常 fēicháng	8 ポ	
ぴったり、ふさわしい	合适 héshì	18	
一人部屋	单人间 dānrénjiān	16	
暇がある	有空儿 yǒukòngr	22	
秘密	秘密 mìmì	10	
病院	医院 yīyuàn	10 ポ	
平たくて薄いものを数える			
	片 piàn	23	
拾う	捡 jiǎn	19 ポ	

深々と	深深 shēnshēn	24	
普通、一般的である	一般 yìbān	23	
付近、近く	附近 fùjìn	11	
服	衣服 yīfu	10 ポ	
服・事柄を数える	件 jiàn	10 ポ	
福岡	福冈 Fúgāng	7	
復習する	复习 fùxí	19 ポ	
負傷する	受伤 shòushāng	16 ポ	
豚の角煮	红烧肉 hóngshāoròu	19	
二人部屋	双人间 shuāngrénjiān	16	
太っている	胖 pàng	19	
冬	冬天 dōngtiān	8 ポ	
プレゼント	礼物 lǐwù	10	
…分間	分钟 fēnzhōng	12	
文房具店	文具店 wénjùdiàn	11	

ペアのものを数える	双 shuāng	10 ポ	
兵馬俑	兵马俑 Bīngmǎyǒng	24	
北京	北京 Běijīng	7 ポ	
部屋	房间 fángjiān	16 ポ	
変化や完了を表す	了 le	14	

帽子	帽子 màozi	24 ポ	
ボーイフレンド	男朋友 nánpéngyou	23	
細長く線状に延びたものを数える			

道	道 dào	20 ポ	
朗らかである	开朗 kāilǎng	22	
補語を導く	得 de	20	
褒める	表扬 biǎoyáng	24 ポ	
本	书 shū	10 ポ	
本棚	书架 shūjià	11 ポ	

毎日	每天 měitiān	21 ポ	
毎日楽しい	天天快乐		
	tiāntiān kuàilè	24	
マクドナルド	麦当劳 Màidāngláo	11	
まさに…、ちょうど…			
	正 zhèng	17	
まじめである	认真 rènzhēn	8 ポ	
まず…	先 xiān	11	
～（でもあり）また…（でもある）			
	又～又… yòu～yòu	18	
～（でもあり）また…（でもある）			
	既～又… jì～yòu…	18 ポ	
（馬や自転車・バイクに）またがって乗る			
	骑 qí	16 ポ	
まだ、なお…、さらに…			
	还 hái	14	
まちをぶらぶら歩く	逛街 guàngjiē	18	
待つ	等 děng	12	
…まで、到達する	到 dào	12	
抹茶	抹茶 mǒchá	13	
窓	窗户 chuānghu	17 ポ	
学ぶ	学 xué	7 ポ	
まもなく…	快～了 kuài～le	15	
万	万 wàn	18 ポ	
マンガ	漫画 mànhuà	21 ポ	
（望みがかない）満足だ	满意 mǎnyì	18	
満腹である	饱 bǎo	13 ポ	

みかん	桔子 júzi	18 ポ	
見知っている	认识 rènshi	23	
水着	泳衣 yǒngyī	14	
緑色	绿色 lǜsè	18	

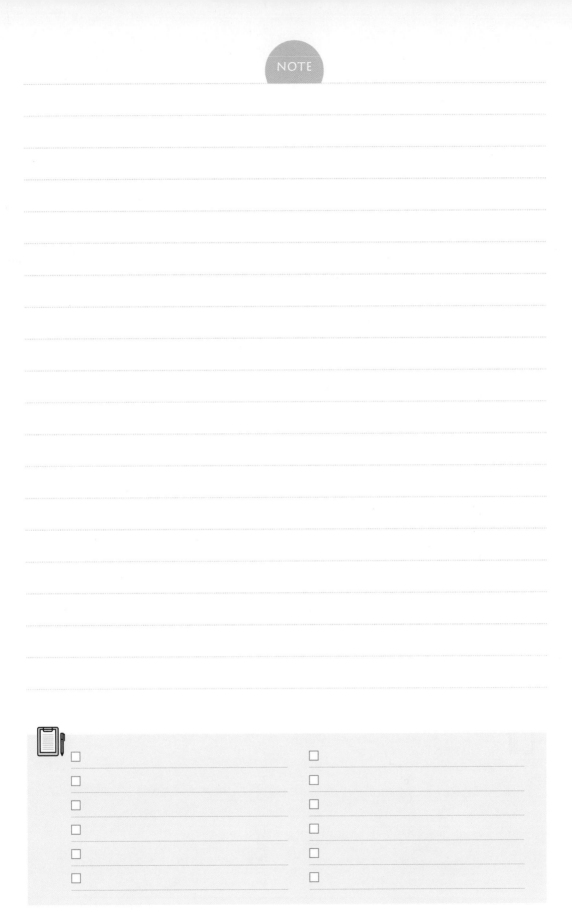

NOTE

NOTE

NOTE

会話編

初次见面，请多关照。

Chūcì jiànmiàn, qǐng duō guānzhào.

はじめまして、よろしくお願いします。

本課で学習すること

🍁 人称代名詞 🍁 姓・名の尋ね方・言い方 🍁 "是" 構文

会話本文

田中彩香さんは、この春から晴れて大学生になる。今日は入学式。キャンパスに着くと、田中さんは書類を地面に落として慌てている学生を見かけた。彼も新入生のようだ。田中さんは立ち止まって一緒に書類を拾うことにした。そこから会話が始まる。

🔊 187

李明：**你 好！我 叫 李 明。你 叫 什么 名字？**
Nǐ hǎo! Wǒ jiào Lǐ Míng. Nǐ jiào shénme míngzi?

田中：**你 好！我 姓 田中，叫 田中 彩香。**
Nǐ hǎo! Wǒ xìng Tiánzhōng, jiào Tiánzhōng Cǎixiāng.

李明：**你 是 福冈人 吗？**
Nǐ shì Fúgāngrén ma?

田中：**我 不 是 福冈人，是 长崎人。**
Wǒ bú shì Fúgāngrén, shì Chángqírén.

李明：**我 是 中国 留学生。初次 见面，请 多 关照。**
Wǒ shì Zhōngguó liúxuéshēng. Chūcì jiànmiàn, qǐng duō guānzhào.

田中：**请 多 关照。**
Qǐng duō guānzhào.

新出語句

1. 你好 nǐ hǎo　こんにちは
2. 我 wǒ　代 私
3. 叫 jiào　動 (名前は)…という
4. 李明 Lǐ Míng　名 李明
5. 你 nǐ　代 あなた
6. 什么 shénme　疑 何、どんな
7. 名字 míngzi　名 名前
8. 姓 xìng　動 …という姓である
9. 田中彩香 Tiánzhōng Cǎixiāng
　　名 田中彩香
10. 是 shì　動 …である
11. 福冈人 Fúgāngrén
　　名 福岡出身、福岡出身の人
12. 吗 ma　助 問いかけを表す
13. 不 bù　副 …でない、…しない
14. 长崎人 Chángqírén
　　名 長崎出身、長崎出身の人
15. 中国 Zhōngguó　名 中国
16. 留学生 liúxuéshēng　名 留学生
17. 初次见面 chūcì jiànmiàn　はじめまして
18. 请多关照 qǐng duō guānzhào
　　どうぞよろしくお願いします。

🔊189

ポイントの新出語句

1. 贵姓 guì xìng
　　名 (尊敬して相手の姓を尋ねる場合の) お名前は
2. 日本人 Rìběnrén　名 日本人
3. 学生 xuésheng　名 学生
4. 中国人 Zhōngguórén　名 中国人

1 人称代名詞 ◀)) 190

	一人称	二人称	三人称		
単数	我 wǒ （私）	你・您 nǐ　nín （あなた） ※"您"は相手に敬意を表すときに用いる	他 tā （彼）	她 tā （彼女）	它 tā （それ）
複数	我们 wǒmen （私たち）	你们 nǐmen （あなたたち）	他们 tāmen （彼ら）	她们 tāmen （彼女たち）	它们 tāmen （それら）

2 姓・名の尋ね方・言い方 ◀)) 191

▎姓のみの尋ね方

您贵姓？/ 你姓什么？
Nín guì xìng? / Nǐ xìng shénme?

▎姓のみの言い方

我姓王。
Wǒ xìng Wáng.

▎フルネームの尋ね方

你叫什么（名字）？
Nǐ jiào shénme (míngzi)?

▎フルネームの言い方

我叫田中彩香。
Wǒ jiào Tiánzhōng Cǎixiāng.

3 "是" 構文 🔊 192

肯定文 〈 A 是 B 〉「A は B である」　　**否定文** 〈 A 不是 B 〉「A は B ではない」

她是日本人。
Tā shì Rìběnrén.

她不是日本人。
Tā bú shì Rìběnrén.

他是学生。
Tā shì xuésheng.

他不是学生。
Tā bú shì xuésheng.

他们是留学生。
Tāmen shì liúxuéshēng.

我们不是中国人。
Wǒmen bú shì Zhōngguórén.

一般疑問文 〈 A 是 B 吗 ？〉「A は B ですか？」

肯定文の文末に"吗"をつけると、YES か NO かを尋ねる疑問文になります。

你是学生吗?
Nǐ shì xuésheng ma?

她是留学生吗?
Tā shì liúxuéshēng ma?

他们是中国人吗?
Tāmen shì Zhōngguórén ma?

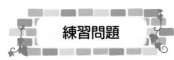

練習問題

1 会話本文の内容に即して答えましょう。 🔊 193

① 他姓什么？叫什么？ _____

② 他是哪国人？ _____

　*哪国人 nǎ guó rén：どこの国の人

③ 她姓什么？叫什么？ _____

④ 她是哪国人？ _____

⑤ 她是福冈人吗？ _____

2 ワードリストを活用し、（　）内に適当な言葉を入れて会話文を完成させ、さらにペアで練習しましょう。

A： 你好！

B： （　　　　　　　）！

A： 你是（　　　　　　　）吗？

B： 不，我不是（　　　　　　　），我是（　　　　　　　）。

A： 您贵姓？

B： 我姓（　　　　　　），叫（　　　　　　　）。

A： 我叫（　　　　　　）。初次见面，请多关照。

B： （　　　　　　　　　　）。

ワードリスト 🔊 194

□ 日本人 Rìběnrén　日本人	□ 德国人 Déguórén　ドイツ人
□ 中国人 Zhōngguórén　中国人	□ 法国人 Fǎguórén　フランス人
□ 韩国人 Hánguórén　韓国人	□ 学生 xuésheng　学生
□ 美国人 Měiguórén　アメリカ人	□ 大学生 dàxuéshēng　大学生
□ 英国人 Yīngguórén　イギリス人	□ 老师 lǎoshī　先生

166

3 音声を聞いて単語を選び、ピンインを書きましょう。　🔊195

| A 中国人 | B 日本人 | C 他们 | D 什么 |
| E 名字 | F 姓 | G 叫 | H 留学生 |

① ☐　ピンイン：＿＿＿＿＿＿＿　　② ☐　ピンイン：＿＿＿＿＿＿＿

③ ☐　ピンイン：＿＿＿＿＿＿＿　　④ ☐　ピンイン：＿＿＿＿＿＿＿

⑤ ☐　ピンイン：＿＿＿＿＿＿＿　　⑥ ☐　ピンイン：＿＿＿＿＿＿＿

⑦ ☐　ピンイン：＿＿＿＿＿＿＿　　⑧ ☐　ピンイン：＿＿＿＿＿＿＿

4 音声を聞いて、問いに対する答えとして正しいものを選びましょう。　🔊196

① 他姓什么?　☐

　　A 他姓李　　　B 他叫李明　　　C 他姓李明

② 她叫什么名字?　☐

　　A 她叫田中　　B 她姓彩香　　　C 她叫田中彩香

③ 他是中国人吗?　☐

　　A 是　　　　　B 不是

④ 她是哪国人?　☐

　　A 中国人　　　B 日本人

⑤ 他是学生吗?　☐

　　A 是　　　　　B 不是

我去图书馆。

Wǒ qù túshūguǎn.

私は図書館に行きます。

本課で学習すること

🍁 指示代名詞　🍁 動詞述語文　🍁 副詞 "也" と "都"　🍁 語気助詞 "吧"

会話本文

入学式から数週間。田中さんも少しずつ大学生活に慣れてきた。そんなある日、図書館に向かう道すがら李くんとばったり出会う。しかし、李くんの隣には見知らぬ子がいて…

🔊 197

田中：　李 明，早上 好！
　　　　Lǐ Míng, zǎoshang hǎo!

李明：　早上 好，彩香！ 这 是 我 的 朋友 小爱。
　　　　Zǎoshang hǎo, Cǎixiāng! Zhè shì wǒ de péngyou xiǎo'ài.

田中：　你 好，小爱。 请 多 关照。
　　　　Nǐ hǎo, xiǎo'ài. Qǐng duō guānzhào.

小爱：　请 多 关照。
　　　　Qǐng duō guānzhào.

李明：　你 去 哪儿？
　　　　Nǐ qù nǎr?

田中：　我 去 图书馆。
　　　　Wǒ qù túshūguǎn.

李明：　我们 也 去 图书馆，一起 去 吧。
　　　　Wǒmen yě qù túshūguǎn, yìqǐ qù ba.

新出語句

1. 早上好 zǎoshang hǎo
   おはようございます。
2. 这 zhè 代 これ、こちら
3. 的 de 助 …の
4. 朋友 péngyou 名 友達
5. 小爱 xiǎo'ài 愛ちゃん（女の子の名前）

6. 去 qù 動 行く
7. 哪儿 nǎr 疑 どこ
8. 图书馆 túshūguǎn 名 図書館
9. 也 yě 副 も
10. 一起 yìqǐ 副 一緒に
11. 吧 ba 助 推量や誘いかけの気持ちを表す

7

ポイントの新出語句

1. 书 shū 名 本
2. 书包 shūbāo 名 カバン
3. 医院 yīyuàn 名 病院
4. 学 xué 動 学ぶ、勉強する

5. 都 dōu 副 すべて…、みな…
6. 汉语 Hànyǔ 名 中国語
7. 北京 Běijīng 名 北京
8. 看 kàn 動 見る、読む

1 指示代名詞　🔊 200

近称	遠称
这（これ） zhè	那（それ、あれ） nà
这儿 / 这里（ここ、そこ） zhèr　　zhèlǐ	那儿 / 那里（そこ、あそこ） nàr　　nàlǐ

这是书。　　　　　　　　　　那是我的书包。
Zhè shì shū.　　　　　　　　Nà shì wǒ de shūbāo.

这儿是图书馆。　　　　　　　那里不是医院。
Zhèr shì túshūguǎn.　　　　 Nàlǐ bú shì yīyuàn.

2 動詞述語文　🔊 201

肯定文　　〈主語 + 動詞（+ 目的語）〉

她学汉语。　　Tā xué Hànyǔ.

他去北京。　　Tā qù Běijīng.

我看书。　　　Wǒ kàn shū.

否定文　　〈主語 + 不 + 動詞（+ 目的語）〉

她不学汉语。　Tā bù xué Hànyǔ.

他不去北京。　Tā bú qù Běijīng.

我不看书。　　Wǒ bú kàn shū.

一般疑問文　　〈主語 + 動詞（+ 目的語）+ 吗？〉

她学汉语吗？　Tā xué Hànyǔ ma?

他去北京吗？　Tā qù Běijīng ma?

你看书吗？　　Nǐ kàn shū ma?

3 副詞 "也" 「～も」 と "都" 「すべて、みな」　　🔊 202

※副詞 "都" と同時に用いる時は〈主語＋也＋都〉の語順になります。

她也是学生。　　　　　Tā yě shì xuésheng.

我们都去图书馆。　　　Wǒmen dōu qù túshūguǎn.

他们也都是日本人。　　Tāmen yě dōu shì Rìběnrén.

4 語気助詞 "吧"　　🔊 203

① **推量を表す** 「～でしょう？」

你们是留学生吧？　　Nǐmen shì liúxuéshēng ba?

李明不去图书馆吧？　Lǐ Míng bú qù túshūguǎn ba?

② **勧誘や軽い命令を表す** 「～しましょう、～しなさい」

我们一起去吧。　　　Wǒmen yìqǐ qù ba.

你去图书馆吧。　　　Nǐ qù túshūguǎn ba.

練習問題

1 会話本文の内容に即して答えましょう。 🔊 204

① 李明的朋友叫什么名字？ _____

② 田中去哪儿？ _____

③ 李明去图书馆吗？ _____

④ 小爱也去图书馆吗？ _____

⑤ 他们都去图书馆吗？ _____

2 ワードリストを活用し、（ ）内に適当な言葉を入れて会話文を完成させ、さらにペアで練習しましょう。

A ： 早上好！

B ： 早上好！这是我的（　　　　　　　）。

A ： 你好，请多关照。

C ： （　　　　　　　）

B ： 你去哪儿？

A ： 我去（　　　　　　　）。

B ： 我们也去（　　　　　　　），一起去吧。

ワードリスト 🔊 205

☐ 同学 tóngxué　クラスメート	☐ 学校 xuéxiào　学校
☐ 学姐 xuéjiě　女性の先輩	☐ 教室 jiàoshì　教室
☐ 学长 xuézhǎng　男性の先輩	☐ 体育馆 tǐyùguǎn　体育館
☐ 学妹 xuémèi　女性の後輩	☐ 书店 shūdiàn　本屋
☐ 学弟 xuédì　男性の後輩	

172

3 音声を聞いて単語を選び、ピンインを書きましょう。　　🔊206

| A 图书馆 | B 去 | C 哪儿 | D 也 |
| E 一起 | F 朋友 | G 早上好 | H 这 |

① [　] ピンイン：＿＿＿＿＿＿＿＿＿　　② [　] ピンイン：＿＿＿＿＿＿＿＿＿

③ [　] ピンイン：＿＿＿＿＿＿＿＿＿　　④ [　] ピンイン：＿＿＿＿＿＿＿＿＿

⑤ [　] ピンイン：＿＿＿＿＿＿＿＿＿　　⑥ [　] ピンイン：＿＿＿＿＿＿＿＿＿

⑦ [　] ピンイン：＿＿＿＿＿＿＿＿＿　　⑧ [　] ピンイン：＿＿＿＿＿＿＿＿＿

4 音声を聞いて、問いに対する答えとして正しいものを選びましょう。　　🔊207

① 她去哪儿？　　　　　　　　　　　　　　　　　　[　]

　　A 学校　　　　B 图书馆

② 他去学校吗？　　　　　　　　　　　　　　　　　[　]

　　A 去　　　　　B 不去

③ 她去图书馆吗？　　　　　　　　　　　　　　　　[　]

　　A 去　　　　　B 不去

④ 小爱是他的朋友吗？　　　　　　　　　　　　　　[　]

　　A 是　　　　　B 不是

⑤ 他们都是日本人吗？　　　　　　　　　　　　　　[　]

　　A 是　　　　　B 不是

你的衣服真漂亮！

Nǐ de yīfu zhēn piàoliang!

あなたの服は本当にきれいですね！

本課で学習すること

🍁 形容詞述語文　　🍁 "呢" 疑問文　　🍁 反復疑問文

会話本文

ある日の授業終わり、田中さんは李くんからその日のファッションを褒めてもらった。そんな流れから食堂で一緒にランチをすることに。

🔊 208

李明： 彩香，你 的 衣服 真 漂亮！
　　　Cǎixiāng, nǐ de yīfu zhēn piàoliang!

田中： 谢谢，你 的 包 也 很 酷！
　　　Xièxie, nǐ de bāo yě hěn kù!

李明： 我们 一起 去 食堂 吧！
　　　Wǒmen yìqǐ qù shítáng ba!

田中： 好 啊。你 吃 什么？
　　　Hǎo a. Nǐ chī shénme?

李明： 我 吃 咖喱饭。你 呢？
　　　Wǒ chī gālífàn. Nǐ ne?

田中： 我 吃 意大利面。
　　　Wǒ chī yìdàlìmiàn.

李明： 喝 不 喝 果汁？ 我 请客。
　　　Hē bu hē guǒzhī? Wǒ qǐngkè.

田中： 谢谢！
　　　Xièxie!

新出語句 209

1. 衣服 yīfu 名 服
2. 真 zhēn 副 本当に
3. 漂亮 piàoliang 形 きれいだ
4. 包 bāo 名 バッグ
5. 很 hěn 副 とても
6. 酷 kù 形 クール、かっこいい
7. 食堂 shítáng 名 食堂
8. 好啊 hǎo a いいですね
9. 吃 chī 動 食べる
10. 咖喱饭 gālífàn 名 カレーライス
11. 呢 ne 助 …は？
12. 意大利面 yìdàlìmiàn 名 パスタ
13. 喝 hē 動 飲む
14. 果汁 guǒzhī 名 ジュース
15. 请客 qǐngkè 動 おごる、客を招く

ポイントの新出語句 210

1. 忙 máng 形 忙しい
2. 面包 miànbāo 名 パン
3. 非常 fēicháng 副 非常に…、とても…
4. 好吃 hǎochī 形 食べておいしい
5. 飞机 fēijī 名 飛行機
6. 快 kuài 形 速い
7. 火车 huǒchē 名 列車
8. 慢 màn 形 遅い
9. 不太 bútài さほど…ではない

175

1 形容詞述語文 　🔊 211

肯定文 〈主語（＋副詞）＋形容詞〉

※ 形容詞述語文の肯定文の場合、形容詞の前に"很"など程度を表す副詞が用いられます。"很"は強く読まない限り、形容詞を強調する意味は特にありません。比較文の場合は、副詞を入れる必要は必ずしもありません。

我很忙。	Wǒ hěn máng.
面包非常好吃。	Miànbāo fēicháng hǎochī.
飞机快，火车慢。	Fēijī kuài, huǒchē màn.

否定文 〈主語 ＋ 不 / 不太 ＋ 形容詞〉

我不忙。	Wǒ bù máng.
火车不快。	Huǒchē bú kuài.
面包不太好吃。	Miànbāo bútài hǎochī.

一般疑問文 〈主語（＋副詞）＋形容詞 ＋ 吗？〉

※ 疑問文の場合は必要な時のみ、副詞を入れます。

你忙吗？	Nǐ máng ma?
面包好吃吗？	Miànbāo hǎochī ma?
火车很慢吗？	Huǒchē hěn màn ma?

2 "呢"疑問文 「～は？」

〈名詞＋呢？〉

我是日本人，你呢？   Wǒ shì Rìběnrén, nǐ ne?

意大利面很好吃，咖喱饭呢？   Yìdàlìmiàn hěn hǎochī, gālífàn ne?

3 反復疑問文

◀)) 213

〈動詞・形容詞の肯定形＋否定形？〉

※文末に"吗"はつけません。

※反復疑問文は"很"や"也"などの副詞は使えません。

她是不是留学生？   Tā shì bu shì liúxuéshēng?

你看不看书？   Nǐ kàn bu kàn shū?

爸爸忙不忙？   Bàba máng bu máng?

練習問題

1 会話本文の内容に即して答えましょう。 🔊 214

① 田中的衣服漂亮吗？ _____

② 李明的包怎么样？ _____

　＊怎么样 zěnmeyàng：どうですか

③ 他们一起去哪儿？ _____

④ 李明吃什么？ _____

⑤ 田中吃什么？ _____

2 ワードリストを活用し、（　）内に適当な言葉を入れて会話文を完成させ、さらにペアで練習しましょう。

A： 你的（　　　　　　　）真（　　　　　　　）！

B： 谢谢，你的（　　　　　　）也很漂亮！

A： 一起去（　　　　　　）吧！

B： 好啊。你吃 / 喝（　　　　　　）吗？

A： 我吃 / 喝（　　　　　　）。你呢？

B： 我吃 / 喝（　　　　　　）。

A： 吃不吃 / 喝不喝（　　　　　　）？我请客。

B： 谢谢！

ワードリスト 🔊 215

☐ 可爱 kě'ài　かわいい	☐ 咖啡店 kāfēidiàn　喫茶店
☐ 帅 shuài　かっこいい	☐ 中餐厅 zhōngcāntīng　中華料理店
☐ 眼镜 yǎnjìng　メガネ	☐ 炒饭 chǎofàn　チャーハン
☐ 手表 shǒubiǎo　腕時計	☐ 水饺儿 shuǐjiǎor　水ギョーザ
☐ 帽子 màozi　帽子	☐ 咖啡 kāfēi　コーヒー
☐ 鞋子 xiézi　靴	☐ 红茶 hóngchá　紅茶
☐ 口罩 kǒuzhào　マスク	☐ 乌龙茶 wūlóngchá　ウーロン茶

8

3 音声を聞いて単語を選び、ピンインを書きましょう。 🔊 216

A 漂亮	B 包	C 咖喱饭	D 果汁
E 食堂	F 喝	G 意大利面	H 请客

① ☐ ピンイン：_____ ② ☐ ピンイン：_____

③ ☐ ピンイン：_____ ④ ☐ ピンイン：_____

⑤ ☐ ピンイン：_____ ⑥ ☐ ピンイン：_____

⑦ ☐ ピンイン：_____ ⑧ ☐ ピンイン：_____

4 音声を聞いて、問いに対する答えとして正しいものを選びましょう。 🔊 217

① 他们一起去哪儿？　　　　　　　　　　　　　　　　☐

　　　A 图书馆　　　　B 食堂　　　　C 学校

② 他吃什么？　　　　　　　　　　　　　　　　　　☐

　　　A 意大利面　　　B 咖喱饭

③ 她喝不喝咖啡？　　　　　　　　　　　　　　　　☐

　　　A 喝　　　　　　B 不喝

④ 他喝果汁吗？　　　　　　　　　　　　　　　　　☐

　　　A 喝　　　　　　B 不喝

⑤ 她的衣服怎么样？　　　　　　　　　　　　　　　☐

　　　A 很酷　　　　　B 很漂亮　　　C 不漂亮

你的生日是几月几号?

Nǐ de shēngrì shì jǐ yuè jǐ hào ?

あなたの誕生日は何月何日ですか。

本課で学習すること

🍁 曜日の言い方　　🍁 年月日の言い方　　🍁 年齢の尋ね方
🍁 疑問詞を使った疑問文

会話本文

もうすぐ誕生日を迎える田中さん。記念すべき大学一年目の誕生日パーティーに、思い切って李くんを誘ってみた。果たして李くんは遊びに来てくれるかな…

🔊 218

田中： 李 明，下 周 六 是 我 的 生 日，你 来 我 家 吧!
　　　Lǐ Míng, xiàzhōuliù shì wǒ de shēngrì, nǐ lái wǒ jiā ba!

李明： 好 啊。下 周 六 是 几 月 几 号?
　　　Hǎo a. Xiàzhōuliù shì jǐ yuè jǐ hào?

田中： 六 月 二 号，是 我 的 生 日。
　　　Liù yuè èr hào, shì wǒ de shēngrì.

李明： 你 今年 多大?
　　　Nǐ jīnnián duōdà?

田中： 我 十 八 岁。你 的 生 日 是 几 月 几 号?
　　　Wǒ shíbā suì. Nǐ de shēngrì shì jǐ yuè jǐ hào?

李明： 我 的 生 日 是 十 二 月 二 十 七 号。
　　　Wǒ de shēngrì shì shí'èr yuè èrshíqī hào.

新出語句　🔊 219

1. 下周六 xiàzhōuliù 　名 来週の土曜日
2. 生日 shēngrì 　名 誕生日
3. 来 lái 　動 来る
4. 家 jiā 　名 家
5. 几 jǐ 　疑 いくつ

6. 月 yuè 　名 …月
7. 号 hào 　名 …日
8. 今年 jīnnián 　名 今年
9. 多大 duōdà 　疑 どれくらいの大きさ、何歳
10. 岁 suì 　量 年齢を数える（…歳）

ポイントの新出語句　🔊 220

1. 星期 xīngqī 　名 週、曜日
2. 礼拜 lǐbài 　名 週、曜日
3. 周 zhōu 　名 週、曜日
4. 今天 jīntiān 　名 今日
5. 明天 míngtiān 　名 明日
6. 年 nián 　名 …年

7. 日 rì 　名 …日
8. 明年 míngnián 　名 来年
9. 昨天 zuótiān 　名 昨日
10. 年纪 niánjì 　名 年齢
11. 岁数 suìshu 　名 年齢

1 曜日の言い方　◀)) 221

月曜日	火曜日	水曜日	木曜日	金曜日	土曜日	日曜日	
星期一 xīngqīyī	星期二 xīngqī'èr	星期三 xīngqīsān	星期四 xīngqīsì	星期五 xīngqīwǔ	星期六 xīngqīliù	星期日 xīngqīrì	星期天 xīngqītiān
礼拜一 lǐbàiyī	礼拜二 lǐbài'èr	礼拜三 lǐbàisān	礼拜四 lǐbàisì	礼拜五 lǐbàiwǔ	礼拜六 lǐbàiliù	礼拜日 lǐbàirì	礼拜天 lǐbàitiān
周一 zhōuyī	周二 zhōu'èr	周三 zhōusān	周四 zhōusì	周五 zhōuwǔ	周六 zhōuliù	周日 zhōurì	

今天星期几?　　　　　　　明天礼拜日。
Jīntiān xīngqī jǐ?　　　　　Míngtiān lǐbàirì.

上周四　　　　　　　　　　下星期六
shàngzhōusì　　　　　　　xiàxīngqīliù

2 年月日の言い方　◀)) 222

> 年 nián 「年」
> 月 yuè 「月」
> 日 rì （書面語）、号 hào （口語）「日」

※西暦を言う時は、数字を単独で読みます。

一九八〇年　　　　　　　yī jiǔ bā líng nián

今年（是）二〇二三年。　Jīnnián (shì) èr líng èr sān nián.

明年不是二〇一六年。　Míngnián bú shì èr líng yī liù nián.

※目的語が日付、時刻の場合は"是"を省略することがあります。否定文は"是"が必要です。

今天（是）五月十八号。　Jīntiān (shì) wǔ yuè shíbā hào.

明天（是）几月几号?　　Míngtiān (shì) jǐ yuè jǐ hào?

昨天不是七月五日。　　Zuótiān bú shì qī yuè wǔ rì.

3　年齢の尋ね方 🔊 223

相手の年齢によって、尋ね方が異なる。

9

▌子供に対して尋ねるとき　你几岁？　Nǐ jǐ suì?

▌同年代の人に対して　你多大？　Nǐ duōdà?

▌年配の方に対して　您多大年纪？　Nín duōdà niánjì?

　　　　　　　　　您多大岁数？　Nín duōdà suìshu?

4　疑問詞を使った疑問文 🔊 224

※文末に"吗"をつける必要はありません。

🔑 疑問詞を学びましょう

谁 shéi だれ	哪儿 nǎr どこ	哪里 nǎlǐ どこ	什么 shénme なに
怎么 zěnme どのように、どうして		几 jǐ いくつ（10以下の数を尋ねる）	
多少 duōshao いくつ（数の制限なし）		什么时候 shénme shíhou いつ	

他是谁？　　　　Tā shì shéi?　　　　你去哪儿？　　Nǐ qù nǎr?

这是什么？　　　Zhè shì shénme?　　你怎么去？　　Nǐ zěnme qù?

她几岁？　　　　Tā jǐ suì?　　　　　多少人？　　　Duōshao rén?

他什么时候来？　Tā shénme shíhou lái?

練習問題

1 会話本文の内容に即して答えましょう。　🔊 225

① 下周六是几月几号？＿＿＿＿＿＿＿＿＿＿＿＿

② 下周六是谁的生日？＿＿＿＿＿＿＿＿＿＿＿＿

③ 田中今年多大？＿＿＿＿＿＿＿＿＿＿＿＿

④ 田中的生日是几月几号？＿＿＿＿＿＿＿＿＿＿＿＿

⑤ 李明的生日是几月几号？＿＿＿＿＿＿＿＿＿＿＿＿

2 ワードリストを活用し、（　）内に適当な言葉を入れて会話文を完成させ、さらにペアで練習しましょう。

A：你今年多大？

B：我今年（　　　　　　）。

A：你的生日是几月几号？

B：我的生日是（　　　　　　）。

A：（　　　　　　）是几月几号？

B：（　　　　　　）。

A：今年的（　　　　　　）是星期几？

B：（　　　　　　）。

ワードリスト　🔊 226

□ 元旦 Yuándàn　元旦　　　　　□ 端午节 Duānwǔjié　端午節
□ 成人节 Chéngrénjié　成人の日　□ 中秋节 Zhōngqiūjié　中秋節
□ 儿童节 Értóngjié　こどもの日　□ 情人节 Qíngrénjié　バレンタインデー
□ 体育节 Tǐyùjié　体育の日　　　□ 万圣节 Wànshèngjié　ハロウィン
□ 文化节 Wénhuàjié　文化の日　　□ 圣诞节 Shèngdànjié　クリスマス
□ 春节 Chūnjié　旧正月

3 音声を聞いて単語を選び、ピンインを書きましょう。　🔊 227

A 几	B 下周六	C 月	D 多大
E 号	F 生日	G 岁	H 今年

① ☐　ピンイン：＿＿＿＿＿＿＿　　② ☐　ピンイン：＿＿＿＿＿＿＿

③ ☐　ピンイン：＿＿＿＿＿＿＿　　④ ☐　ピンイン：＿＿＿＿＿＿＿

⑤ ☐　ピンイン：＿＿＿＿＿＿＿　　⑥ ☐　ピンイン：＿＿＿＿＿＿＿

⑦ ☐　ピンイン：＿＿＿＿＿＿＿　　⑧ ☐　ピンイン：＿＿＿＿＿＿＿

4 音声を聞いて、問いに対する答えとして正しいものを選びましょう。　🔊 228

① 今天是星期几？　　　　　　　　　　　　　　　　☐

　　　A 星期一　　　　　B 星期四　　　　　C 星期天

② 昨天是六月二十四号吗？　　　　　　　　　　　　☐

　　　A 是　　　　　　　B 不是

③ 星期三是几月几号？　　　　　　　　　　　　　　☐

　　　A 一月二号　　　　B 二月一号　　　　C 十二月一号

④ 他多大？　　　　　　　　　　　　　　　　　　　☐

　　　A 十七岁　　　　　B 十八岁　　　　　C 十九岁

⑤ 她多大岁数？　　　　　　　　　　　　　　　　　☐

　　　A 六十九岁　　　　B 七十岁　　　　　C 七十九岁

我想去超市买东西。

Wǒ xiǎng qù chāoshì mǎi dōngxi.

私はスーパーへ買い物に行きたいです。

本課で学習すること

🍁 連動文　　🍁 助動詞"想"　　🍁 前置詞"给"　　🍁 量詞

会話本文

田中さんから誕生日パーティーに誘われた李くんは、親友の愛ちゃんを誘って街までプレゼントを買いに行く。どんなプレゼントを選んだら喜んでくれるかな…

🔊 **229**

李明：　小爱，我们 一起 去 逛 街 好 吗?
　　　　Xiǎo'ài,　wǒmen　yìqǐ　qù guàng jiē hǎo ma?

小爱：　好 啊，正好 我 想 去 超市 买 东西。
　　　　Hǎo　a,　zhènghǎo wǒ xiǎng qù　chāoshì mǎi　dōngxi.

李明：　下周六 是 彩香 的 生日，我 想 给 她 买 一 个 礼物。
　　　　Xiàzhōuliù　shì Cǎixiāng de　shēngrì,　wǒ xiǎng gěi　tā mǎi　yí　ge　lǐwù.

小爱：　你 想 买 什么?
　　　　Nǐ xiǎng mǎi　shénme?

李明：　这 是 秘密。
　　　　Zhè　shì　mìmì.

新出語句

1. 逛街 guàngjiē 動 まちをぶらぶら歩く
2. 好 hǎo 形 よい
3. 正好 zhènghǎo 副 ちょうど…、都合よく…
4. 想 xiǎng 助動 …したい
5. 超市 chāoshì 名 スーパーマーケット
6. 买 mǎi 動 買う
7. 东西 dōngxi 名 もの
8. 给 gěi 前 …に、…のために
9. 个 ge 量 個数を数える
10. 礼物 lǐwù 名 プレゼント
11. 秘密 mìmì 名 秘密

10

🔊 231

ポイントの新出語句

1. 书店 shūdiàn 名 本屋
2. 坐 zuò 動 乗る、座る
3. 地铁 dìtiě 名 地下鉄
4. 机场 jīchǎng 名 空港
5. 借 jiè 動 借りる
6. 弟弟 dìdi 名 弟
7. 和 hé 前 …と
8. 妈妈 māma 名 母
9. 打 dǎ 動 （電話を）かける、（球技を）する
10. 电话 diànhuà 名 電話
11. 写 xiě 動 書く
12. 信 xìn 名 手紙
13. 电脑 diànnǎo 名 パソコン
14. 自行车 zìxíngchē 名 自転車
15. 猫 māo 名 猫
16. 啤酒 píjiǔ 名 ビール
17. 票 piào 名 切符、チケット
18. 词典 cídiǎn 名 辞書
19. 雨伞 yǔsǎn 名 傘

1 連動文

🔊 232

〈 動詞 1（＋ 目的語 1）＋ 動詞 2（＋ 目的語 2）〉

動作の行われる順に従い、二つ以上の動詞（動詞句）が並びます。

他去书店买书。	Tā qù shūdiàn mǎi shū.
我们坐地铁去机场。	Wǒmen zuò dìdiě qù jīchǎng.
你去超市买什么？	Nǐ qù chāoshì mǎi shénme?

2 助動詞"想"

🔊 233

肯定文 「～したい」

她想去中国留学。	Tā xiǎng qù Zhōngguó liúxué.
我想去图书馆借书。	Wǒ xiǎng qù túshūguǎn jiè shū.
弟弟想和我一起吃饭。	Dìdi xiǎng hé wǒ yìqǐ chī fàn.

否定文 「～したくない」

她不想去中国留学。	Tā bù xiǎng qù Zhōngguó liúxué.
我不想去图书馆借书。	Wǒ bù xiǎng qù túshūguǎn jiè shū.
弟弟不想和我一起吃饭。	Dìdi bù xiǎng hé wǒ yìqǐ chī fàn.

いろいろな疑問文

她想去中国留学吗？	Tā xiǎng qù Zhōngguó liúxué ma?
你想不想去图书馆借书？	Nǐ xiǎng bu xiǎng qù túshūguǎn jiè shū?
你想吃什么？	Nǐ xiǎng chī shénme?

3　前置詞 "给"　動作の対象を示す「～に（…する）」 🔊 234

妈妈给弟弟买书。　　Māma gěi dìdi mǎi shū.

他不给我打电话。　　Tā bù gěi wǒ dǎ diànhuà.

我给你写信。　　　　Wǒ gěi nǐ xiě xìn.

10

4　量詞 🔊 235

〈 数詞 ＋ 量詞 ＋ 名詞 〉

〈 指示詞 ＋ 数詞 ＋ 量詞 ＋ 名詞 〉

※数詞が "一" の場合、数詞を省略できます。⇒ 〈 指示詞 ＋ 量詞 ＋ 名詞 〉

一　个　人　　※这 一 个 人　⇒　这 个 人
yí　ge　rén　　　zhè yí　ge　rén　　　zhè ge rén

两台电脑　　　liǎng tái diànnǎo

三辆自行车　　sān liàng zìxíngchē

那四杯茶　　　nà sì bēi chá

这五只猫　　　zhè wǔ zhī māo

六瓶啤酒　　　liù píng píjiǔ

七张票　　　　qī zhāng piào

八本词典　　　bā běn cídiǎn

九件衣服　　　jiǔ jiàn yīfu

十把雨伞　　　shí bǎ yǔsǎn

> ★よく使う量詞
>
> | 个 ge | 瓶 píng |
> | --- | --- |
> | 台 tái | 张 zhāng |
> | 辆 liàng | 本 běn |
> | 杯 bēi | 件 jiàn |
> | 只 zhī | 把 bǎ |

練習問題

1 会話本文の内容に即して答えましょう。　🔊 236

① 他们一起去干什么？　_____

　＊干 gàn：やる、する

② 小爱想去哪儿？　_____

③ 小爱想干什么？　_____

④ 李明想买什么？　_____

⑤ 李明想给谁买礼物？　_____

2 ワードリストを活用し、（　）内に適当な言葉を入れて会話文を完成させ、さらにペアで練習しましょう。

A ： 我去图书馆看书，你呢？

B ： 我去（　　　　　　　）（　　　　　　　）

A ： 明天一起去逛街吧！

B ： 好啊！你想买什么？

A ： 我想给我（　　　　　　　）买一个生日礼物。

B ： 你（　　　　　　　）今年多大？

A ： （　　　　　　　）。

ワードリスト　🔊 237

□ 教室 jiàoshì　教室	□ 奶奶 nǎinai　父方の祖母
□ 上课 shàngkè　授業に出る	□ 爸爸 bàba　父
□ 便利店 biànlìdiàn　コンビニ	□ 妈妈 māma　母
□ 买饭团 mǎi fàntuán　おにぎりを買う	□ 哥哥 gēge　兄
□ 餐厅 cāntīng　レストラン	□ 姐姐 jiějie　姉
□ 打工 dǎgōng　アルバイト	□ 弟弟 dìdi　弟
□ 爷爷 yéye　父方の祖父	□ 妹妹 mèimei　妹

3 音声を聞いて単語を選び、ピンインを書きましょう。 🔊 238

| A 买 | B 逛街 | C 礼物 | D 超市 |
| E 东西 | F 正好 | G 秘密 | H 想 |

① ☐ ピンイン: ＿＿＿＿＿＿＿   ② ☐ ピンイン: ＿＿＿＿＿＿＿

③ ☐ ピンイン: ＿＿＿＿＿＿＿   ④ ☐ ピンイン: ＿＿＿＿＿＿＿

⑤ ☐ ピンイン: ＿＿＿＿＿＿＿   ⑥ ☐ ピンイン: ＿＿＿＿＿＿＿

⑦ ☐ ピンイン: ＿＿＿＿＿＿＿   ⑧ ☐ ピンイン: ＿＿＿＿＿＿＿

4 音声を聞いて、問いに対する答えを書きましょう。 🔊 239

① 她想去图书馆干什么？

＿＿＿＿＿＿＿＿＿＿＿＿＿＿＿＿＿＿＿＿＿＿＿＿＿＿＿＿＿

② 他想去哪儿买咖啡？

＿＿＿＿＿＿＿＿＿＿＿＿＿＿＿＿＿＿＿＿＿＿＿＿＿＿＿＿＿

③ 爸爸去哪儿工作？　*工作 gōngzuò：仕事する

＿＿＿＿＿＿＿＿＿＿＿＿＿＿＿＿＿＿＿＿＿＿＿＿＿＿＿＿＿

④ 他想给她买什么？

＿＿＿＿＿＿＿＿＿＿＿＿＿＿＿＿＿＿＿＿＿＿＿＿＿＿＿＿＿

⑤ 她想和他一起去干什么？

＿＿＿＿＿＿＿＿＿＿＿＿＿＿＿＿＿＿＿＿＿＿＿＿＿＿＿＿＿

10

文具店在哪儿?

Wénjùdiàn zài nǎr?

文房具屋はどこですか。

本課で学習すること

🍁 方位詞　　🍁 存在を表す"在"　　🍁 存在を表す"有"

会話本文

愛ちゃんと一緒に街まで出かけた李くん。田中さんへのプレゼントはおしゃれな文具にしようと決めた。でも、肝心のお店の場所が分からなくて…

🔊 **240**

李明： 小爱，文具店 在 哪儿?
　　　 Xiǎo'ài, wénjùdiàn zài nǎr?

小爱： 在 车站 的 对面。
　　　 Zài chēzhàn de duìmiàn.

李明： 文具店 附近 有 银行 吗?
　　　 Wénjùdiàn fùjìn yǒu yínháng ma?

小爱： 没有。银行 在 学校 的 南边。
　　　 Méiyǒu. Yínháng zài xuéxiào de nánbian.

李明： 那 我 先 去 银行，然后 去 文具店。
　　　 Nà wǒ xiān qù yínháng, ránhòu qù wénjùdiàn.

小爱： 哦! 你 想 给 彩香 买 文具 吧?
　　　 Ò! Nǐ xiǎng gěi Cǎixiāng mǎi wénjù ba?

新出語句

1. 文具店 wénjùdiàn 名 文房具店
2. 在 zài 動 ある、いる
3. 车站 chēzhàn 名 駅、バス停
4. 对面 duìmiàn 方 向かい側、正面
5. 附近 fùjìn 名 付近、近く
6. 有 yǒu 動 ある、いる、持っている
7. 银行 yínháng 名 銀行
8. 没有 méiyǒu ない、いない、持っていない

9. 学校 xuéxiào 名 学校
10. 南边 nánbian 方 南側
11. 那 nà 接 それなら、それでは
12. 先 xiān 副 まず…
13. 然后 ránhòu 接 その後…、それから…
14. 哦 ò 嘆 (理解や納得を表す)ああ、おお
15. 文具 wénjù 名 文房具

11

ポイントの新出語句

1. 桌子 zhuōzi 名 机、テーブル
2. 床 chuáng 名 ベッド
3. 房间 fángjiān 名 部屋
4. 车窗 chēchuāng 名 車窓
5. 手机 shǒujī 名 携帯電話

6. 请问 qǐngwèn お尋ねします
7. 卫生间 wèishēngjiān 名 トイレ
8. 冰箱 bīngxiāng 名 冷蔵庫
9. 饭店 fàndiàn 名 レストラン、ホテル

1 方位詞　方向や位置などを表すことば　🔊 243

※ 単純方位詞は、一般に他の名詞やフレーズの後ろについて使用されます。合成方位詞は単独で用いられることもあります。

単純方位詞

东	南	西	北	上	下	左	右	前	后	里	外	旁	对
dōng	nán	xī	běi	shàng	xià	zuǒ	yòu	qián	hòu	lǐ	wài	páng	duì

桌子上 zhuōzi shàng 　　　　床下 chuáng xià

房间里 fángjiānli 　　　　车窗外 chēchuāng wài

合成方位詞　〈単純方位詞 + 边 / 面〉
　　　　　　　　　bian　mian

※ "边"や"面"は軽声で読みます。"旁边 pángbiān"、"对面 duìmiàn"は例外です。

	东	南	西	北	上	下	左	右	前	后	里	外	旁	对
边	东边	南边	西边	北边	上边	下边	左边	右边	前边	后边	里边	外边	旁边	
面	东面	南面	西面	北面	上面	下面	左面	右面	前面	后面	里面	外面		对面

车站（的）旁边 chēzhàn (de) pángbiān 　　　　银行（的）对面 yínháng (de) duìmiàn

超市（的）前边 chāoshì (de) qiánbian 　　　　医院（的）东面 yīyuàn (de) dōngmian

2 存在を表す"在"「～は…にある / いる」　🔊 244

肯定文　〈存在するモノ・人 + 在 + 場所〉

车站在学校的前边。　　Chēzhàn zài xuéxiào de qiánbian.

妈妈在家。　　　　　　Māma zài jiā.

你的手机在桌子上。　　Nǐ de shǒujī zài zhuōzi shàng.

否定文　〈存在するモノ・人 + 不在 + 場所〉

车站不在学校的前边。　　Chēzhàn búzài xuéxiào de qiánbian.

妈妈不在家。　　　　　　Māma bú zài jiā.

你的手机不在桌子上。　　Nǐ de shǒujī bú zài zhuōzi shàng.

いろいろな疑問文

车站在学校的前边吗？　　　Chēzhàn zài xuéxiào de qiánbian ma?

你的手机在桌子上吗？　　　Nǐ de shǒujī zài zhuōzi shàng ma?

车站在不在学校的前边？　　Chēzhàn zài bu zài xuéxiào de qiánbian?

你的手机在不在桌子上？　　Nǐ de shǒujī zài bu zài zhuōzi shàng?

请问，卫生间在哪儿？　　　Qǐngwèn, wèishēngjiān zài nǎr?

谁在里面？　　　　　　　　Shéi zài lǐmian?

3 存在を表す"有" 「～に…がある / いる」 ◀) 245

肯定文 〈 場所＋有＋存在するモノ・人 〉

学校旁边有书店。　　　　Xuéxiào pángbiān yǒu shūdiàn.

冰箱里有啤酒。　　　　　Bīngxiāngli yǒu píjiǔ.

饭店附近有一个超市。　　Fàndiàn fùjìn yǒu yí ge chāoshì.

否定文 〈 場所＋没（有）＋存在するモノ・人 〉

※"没"あるいは"没有"を用いて否定を表します。"不有"とは言いません。また、否定文には普通は数量詞をつけません。

学校旁边没（有）书店。　　Xuéxiào pángbiān méi(yǒu) shūdiàn.

冰箱里没（有）啤酒。　　　Bīngxiāngli méi(yǒu) píjiǔ.

饭店附近没（有）超市。　　Fàndiàn fùjìn méi(yǒu) chāoshì.

いろいろな疑問文

冰箱里有啤酒吗？　　　　Bīngxiāngli yǒu píjiǔ ma?

饭店附近有超市吗？　　　Fàndiàn fùjìn yǒu chāoshì ma?

冰箱里有没有啤酒？　　　Bīngxiāngli yǒu mei yǒu píjiǔ?

饭店附近有没有超市？　　Fàndiàn fùjìn yǒu mei yǒu chāoshì?

 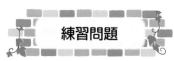

練習問題

1 会話本文の内容に即して答えましょう。 🔊 246

① 李明想去哪儿？ _____

② 文具店在哪儿？ _____

③ 文具店附近有银行吗？ _____

④ 银行在哪儿？ _____

⑤ 李明先去文具店，然后去银行吗？ _____

2 ワードリストを活用し、（　）内に適当な言葉を入れて会話文を完成させ、さらにペアで練習しましょう。

A： 请问，（　　　　　　　　）在哪儿？

B： 在（　　　　　　）的（　　　　　　　　）。

A： （　　　　　　　）附近有（　　　　　　）吗？

B： 没有。（　　　　　　　）在（　　　　　　）的（　　　　　　）。

```
                       北
     ┌──────┐   ┌───┬───┐       ┌──────┐
     │ 超市 │   │书店│医院│       │ 麦当劳│
     ├──────┤   ├───┼───┤       ├──────┤
     │ 邮局 │   │星巴克│饭店│     │ 电影院│
     └──────┘   └───┴───┘       └──────┘
西                                              東
     ┌──────┐   ┌────────┐   ┌────┬──┐
     │ 银行 │   │  公园  │   │博物馆│百货│
     ├───┬──┤   │        │   │     │商店│
     │罗森│车站│  └────────┘   └────┴──┘
     └───┴──┘
                       南
```

ワードリスト 🔊 247

□ 邮局 yóujú　郵便局　　　　　　□ 罗森 Luósēn　ローソン

□ 医院 yīyuàn　病院　　　　　　□ 公园 gōngyuán　公園

□ 星巴克 Xīngbākè　スターバックス　□ 博物馆 bówùguǎn　博物館

□ 麦当劳 Màidāngláo　マクドナルド　□ 百货商店 bǎihuò shāngdiàn　デパート

□ 电影院 diànyǐngyuàn　映画館

3 音声を聞いて単語を選び、ピンインを書きましょう。 🔊 248

> A 银行　　B 对面　　C 先　　　D 学校
> E 车站　　F 然后　　G 文具　　H 附近

① ☐　ピンイン：_____　② ☐　ピンイン：_____

③ ☐　ピンイン：_____　④ ☐　ピンイン：_____

⑤ ☐　ピンイン：_____　⑥ ☐　ピンイン：_____

⑦ ☐　ピンイン：_____　⑧ ☐　ピンイン：_____

4 音声を聞いて、問いに対する答えとして正しいものを選びましょう。 🔊 249

① 超市附近有邮局吗？ ☐

　　　A 有　　　　　　B 没有

② 书店在银行的北边吗？ ☐

　　　A 在　　　　　　B 不在

③ 医院在邮局的对面吗？ ☐

　　　A 在　　　　　　B 不在

④ 文具店在哪儿？ ☐

　　　A 在银行的附近　　B 在车站的前面　　C 在车站的附近

⑤ 他先去超市买东西，然后去银行吗？ ☐

　　　A 是　　　　　　B 不是

从这儿到你家要多长时间?

Cóng zhèr dào nǐ jiā yào duōcháng shíjiān?

ここからあなたの家までどのくらいかかりますか。

本課で学習すること

🍁 前置詞 "在"、"从"、"到"、"离"　　🍁 時刻の言い方

会話本文

いよいよ誕生日当日。李くんは田中さんの家に向かう。でも、家までどうやって行けばよいのかわからない。結局、田中さんに電話をかけて道案内をしてもらうことに。

🔊 250

李明： 喂，彩香，你家在哪儿?
　　　 Wéi, Cǎixiāng, nǐ jiā zài nǎr?

田中： 我家在天神附近。我十点在天神站等你。
　　　 Wǒ jiā zài Tiānshén fùjìn. Wǒ shí diǎn zài Tiānshénzhàn děng nǐ.

李明： 好的。
　　　 Hǎo de.

（天神駅に到着して）

田中： 李明，我在这儿。
　　　 Lǐ Míng, wǒ zài zhèr.

李明： 从这儿到你家要多长时间?
　　　 Cóng zhèr dào nǐ jiā yào duōcháng shíjiān?

田中： 我家离这儿不远，走路五分钟。
　　　 Wǒ jiā lí zhèr bù yuǎn, zǒulù wǔ fēnzhōng.

新出語句

1. 喂 wéi　もしもし
2. 在 zài　前 …で
3. 天神 Tiānshén　名 天神
4. 点 diǎn　量 …時
5. 天神站 Tiānshénzhàn　名 天神駅
6. 等 děng　動 待つ
7. 好的 hǎo de　分かりました
8. 这儿 zhèr　代 ここ、そこ
9. 从 cóng　前 …から
10. 到 dào　前 …まで　動 到達する
11. 要 yào　動 かかる
12. 多长时间 duōcháng shíjiān　どのくらいの時間
13. 离 lí　前 …から、…まで
14. 远 yuǎn　形 遠い
15. 走路 zǒulù　動 歩く
16. 分钟 fēnzhōng　量 …分間

12

🔊 252

ポイントの新出語句

1. 杂志 zázhì　名 雑誌
2. 见面 jiànmiàn　動 顔を合わせる、会う
3. 走 zǒu　動 行く（その場を離れる）、歩く
4. 第一节课 dì yī jié kè　一限目の授業
5. 开始 kāishǐ　動 始まる、始める、開始する
6. 会议 huìyì　名 会議
7. 考试 kǎoshì　動 試験をする、試験を受ける　名 テスト
8. 公司 gōngsī　名 会社
9. 座位 zuòwèi　名 席、座席
10. 公里 gōnglǐ　量 長さの単位（…キロメートル）
11. 分 fēn　量 分
12. 半 bàn　数 半、半分
13. 刻 kè　量 15分
14. 现在 xiànzài　名 現在、今
15. 上午 shàngwǔ　名 午前
16. 晚上 wǎnshang　名 夜
17. 早上 zǎoshang　名 朝
18. 下午 xiàwǔ　名 午後
19. 出发 chūfā　動 出発する
20. 小时 xiǎoshí　名 …時間

1 前置詞"在"　動作の行われる場所を示す「〜で(…する)」 ◀)) 253

我在图书馆看杂志。	Wǒ zài túshūguǎn kàn zázhì.
她在学校食堂吃饭。	Tā zài xuéxiào shítáng chīfàn.
我们在麦当劳见面吧。	Wǒmen zài Màidāngláo jiànmiàn ba.

2 前置詞"从"　動作や時間の起点・経由点を示す「〜から」 ◀)) 254

从这儿走。	Cóng zhèr zǒu.
从北京坐飞机。	Cóng Běijīng zuò fēijī.
第一节课从九点开始。	Dì yī jié kè cóng jiǔ diǎn kāishǐ.

3 前置詞"到"　動作や時間の終点を示す「〜まで(に、へ)」 ◀)) 255

从我家到学校走路十五分钟。	Cóng wǒ jiā dào xuéxiào zǒulù shíwǔ fēnzhōng.
会议从几点到几点?	Huìyì cóng jǐ diǎn dào jǐ diǎn?
我三点到学校去考试。	Wǒ sān diǎn dào qù xuéxiào kǎoshì.

4 前置詞"离"　ある場所からの距離を示す「〜から」 ◀)) 256

公司离车站远不远?	Gōngsī lí chēzhàn yuǎn bu yuǎn?
他的座位离我很近。	Tā de zuòwèi lí wǒ hěn jìn.
超市离我家(有)一公里。	Chāoshì lí wǒ jiā (yǒu) yì gōnglǐ.

5　時刻の言い方　🔊 257

点 diǎn 「時」　※ 2時は"二点"ではなく"两点"ということに注意しましょう。

1時	2時	3時	4時	……	12時
一点	两点	三点	四点	……	十二点
yī diǎn	liǎng diǎn	sān diǎn	sì diǎn	……	shí'èr diǎn

分 fēn 「分」

1：05	2：15	3：20
一点零五分	两点十五分	三点二十分
yī diǎn líng wǔ fēn	liǎng diǎn shíwǔ fēn	sān diǎn èrshí fēn

5：50	21：10
五点五十分	二十一点十分 / 晚上九点十分
wǔ diǎn wǔshí fēn	èr shí yī diǎn shí fēn / wǎnshang jiǔ diǎn shí fēn

※ 30分は"半 bàn"、15分は"一刻 yíkè"、45分は"三刻 sānkè"と言い換えることができます。

2：15	3：30	6：45
两点一刻	三点半	六点三刻
liǎng diǎn yíkè	sān diǎn bàn	liù diǎn sānkè

现在(是)几点?	Xiànzài (shì) jǐ diǎn?
现在(是)上午十一点二十五分。	Xiànzài (shì) shàngwǔ shíyī diǎn èrshíwǔ fēn.
现在不是晚上十一点。	Xiànzài bú shì wǎnshang shíyī diǎn.
你早上几点上课?	Nǐ zǎoshang jǐ diǎn shàngkè?
我下午四点半出发。	Wǒ xiàwǔ sì diǎn bàn chūfā.

※時間量のあらわし方

一分钟	两分钟	三分钟	……
yìfēnzhōng	liǎngfēnzhōng	sānfēnzhōng	……

一(个)小时	两(个)小时	三(个)小时	……
yí(ge)xiǎoshí	liǎng(ge)xiǎoshí	sān(ge)xiǎoshí	……

練習問題

1 会話本文の内容に即して答えましょう。　🔊 258

① 田中家在哪儿？ _____

② 她在哪儿等李明？ _____

③ 她几点在车站等李明？ _____

④ 她家离车站远吗？ _____

⑤ 从车站到她家要多长时间？ _____

2 ワードリストを活用し、（　）内に適当な言葉を入れて会話文を完成させ、さらにペアで練習しましょう。

A ： 你老家在哪儿？

B ： 我老家在（　　　　　　）

A ： 你明天几点来学校？

B ： 我（　　　　　　）来学校。

A ： 你家离学校远吗？

B ： 我家离学校（　　　　　　）。

A ： 从你家到学校要多长时间？

B ： 从我家到学校（　　　　　　）（　　　　　　）。

　　　　　　　[交通手段]　　　　　　　[時間]

ワードリスト 🔊 259

□ 北海道 Běihǎidào　北海道	□ 鹿儿岛 Lùʼérdǎo　鹿児島
□ 东京 Dōngjīng　東京	□ 冲绳 Chōngshéng　沖縄
□ 名古屋 Mínggǔwū　名古屋市	□ 坐电车 zuò diànchē　電車に乗る
□ 京都 Jīngdū　京都	□ 坐地铁 zuò dìtiě　地下鉄に乗る
□ 大阪 Dàbǎn　大阪	□ 坐公交车 zuò gōngjiāochē　バスに乗る
□ 广岛 Guǎngdǎo　広島	□ 骑自行车 qí zìxíngchē　自転車に乗る
□ 佐贺 Zuǒhè　佐賀	

3 音声を聞いて単語を選び、ピンインを書きましょう。　🔊 260

| A 远 | B 走路 | C 从 | D 要 | E 多长时间 |
| F 等 | G 到 | H 分钟 | I 离 | J 这儿 |

① ☐ ピンイン：_____ ② ☐ ピンイン：_____

③ ☐ ピンイン：_____ ④ ☐ ピンイン：_____

⑤ ☐ ピンイン：_____ ⑥ ☐ ピンイン：_____

⑦ ☐ ピンイン：_____ ⑧ ☐ ピンイン：_____

⑨ ☐ ピンイン：_____ ⑩ ☐ ピンイン：_____

4 音声を聞いて、問いに対する答えとして正しいものを選びましょう。　🔊 261

① 现在是早上八点吗？　☐

　　A 是　　　　　　B 不是

② 他们明天几点见面？　☐

　　A 中午十二点　　B 中午十二点半　　C 晚上十二点

③ 他们明天在哪儿见面？　☐

　　A 食堂　　　　　B 学校　　　　　C 图书馆

④ 从他家到学校要多长时间？　☐

　　A 走路十分钟　　B 坐地铁五分钟　　C 坐地铁十分钟

⑤ 她家离车站远吗？　☐

　　A 很远，走路半个小时

　　B 很远，走路一个小时

　　C 不远，走路半个小时

12

你尝一尝。

Nǐ cháng yi cháng.

食べてみてください。

本課で学習すること

🍁 "的"の使い方　　🍁 動詞の重ね型と "一下"　　🍁 結果補語

会話本文

田中さんは李くんから誕生日プレゼントをもらって大喜び！お礼に自分の手料理を披露する。美味しいご飯に大満足の二人は、さらに近所のお店にスイーツを食べに行くことに。

🔊 262

李明： 彩香，生日 快乐！这是 我 送 你 的 生日 礼物！
Cǎixiāng, shēngrì kuàilè! Zhè shì wǒ sòng nǐ de shēngrì lǐwù!

田中： 谢谢！我 很 喜欢。
Xièxie! Wǒ hěn xǐhuan.

这是 我 做 的 寿司 和 天妇罗。你 尝 一 尝。
Zhè shì wǒ zuò de shòusī hé tiānfùluó. Nǐ cháng yi cháng.

李明： 真 好吃！你 的 手艺 真 棒！
Zhēn hǎochī! Nǐ de shǒuyì zhēn bàng!

田中： 哪里 哪里。
Nǎli nǎli.

对了，我 家 附近 有 一 家 抹茶 甜品店，
Duìle, wǒ jiā fùjìn yǒu yì jiā mǒchá tiánpǐndiàn,

吃完 饭 去 看 一下 吧？
chīwán fàn qù kàn yíxià ba?

李明： 好 啊，我 特别 喜欢 吃 抹茶 甜品。
Hǎo a, wǒ tèbié xǐhuan chī mǒchá tiánpǐn.

13

新出語句

1. 生日快乐 shēngrì kuàilè
   誕生日おめでとう
2. 送 sòng 動 贈る、送る
3. 喜欢 xǐhuan 動 好む、好きだ
4. 做 zuò 動 作る、する、やる
5. 寿司 shòusī 名 寿司
6. 天妇罗 tiānfùluó 名 天ぷら
7. 尝 cháng 動 味わう
8. 手艺 shǒuyì 名 腕前
9. 棒 bàng 形 すごい、すばらしい
10. 哪里哪里 nǎli nǎli とんでもない
11. 对了 duìle （気づいたことを表す）そうだ
12. 家 jiā 量 建物、店などを数える
13. 抹茶 mǒchá 名 抹茶
14. 甜品店 tiánpǐndiàn 名 スイーツ店
15. 完 wán 動 終わる、尽きる
16. 饭 fàn 名 ごはん
17. 一下 yíxià 量 ちょっと
18. 特别 tèbié 副 特に…、非常に…
19. 甜品 tiánpǐn 名 スイーツ

ポイントの新出語句

1. 首都 shǒudū 名 首都
2. 车 chē 名 車
3. 中文 Zhōngwén 名 中国語
4. 报纸 bàozhǐ 名 新聞
5. 文化 wénhuà 名 文化
6. 好喝 hǎohē 形 飲んでおいしい
7. 聊 liáo 動 雑談する
8. 介绍 jièshào 動 紹介する
9. 拿 ná 動 持つ
10. 懂 dǒng 動 わかる、知っている
11. 打扫 dǎsǎo 動 掃除する
12. 干净 gānjìng 形 清潔である

1 "的"の使い方　🔊 265

〈名詞／人称代名詞＋的＋名詞〉

日本的首都　　Rìběn de shǒudū

我的车　　　　wǒ de chē

你的手机　　　nǐ de shǒujī

※ただし以下の場合は"的"が省略される時があります。

① 密接に結合している語

中文报纸　Zhōngwén bàozhǐ　　　　日本车　Rìběn chē

中国文化　Zhōngguó wénhuà

② 家族や友人、所属する組織など

我爸爸　wǒ bàba　　　　　　　你朋友　nǐ péngyou

我们学校　wǒmen xuéxiào　　　　我家　wǒ jiā

〈形容詞／動詞（句）＋的＋名詞〉

好喝的咖啡　　　　我喜欢的书
hǎohē de kāfēi　　　wǒ xǐhuan de shū

2　動詞の重ね型と"一下"　「少し～してみる」、「ちょっと～する」　🔊 266

動詞を重ね型にする、あるいは動詞の後ろに"一下"を用いることで、語気が柔らかくなります。後ろの動詞は軽声で発音します。単音節動詞の間に"一"を入れても同じです。

我们聊聊（聊一聊 / 聊一下）吧。
Wǒmen liáoliao (liáo yi liáo/liáo yíxià) ba.

我给你介绍介绍（介绍一下）。
Wǒ gěi nǐ jièshàojieshao(jièshào yíxià).

这是什么？ 给我看看（看一看 / 看一下）。
Zhè shì shénme? Gěi wǒ kànkan(kàn yi kàn/kàn yíxià).

3　結果補語　🔊 267

動詞の後につき、動作・行為の結果を表す語。目的語、アスペクト助詞（第14課参照）は補語の後ろに置く。

拿走	názǒu	持つ＋行く	⇒	持っていく
吃完	chīwán	食べる＋終わる	⇒	食べ終わる
看懂	kàndǒng	見る＋分かる	⇒	見て分かる
打扫干净	dǎsǎo gānjìng	掃除する＋きれい	⇒	掃除してきれいにする

13

練習問題

1 会話本文の内容に即して答えましょう。　　　　　　　　　　　🔊 268

① 田中喜欢李明的礼物吗？ _____

② 她做的日本菜是什么？ _____

*日本菜 Rìběncài：日本料理

③ 她的手艺怎么样？ _____

④ 她家附近有一家什么店？ _____

⑤ 他们吃完饭干什么？ _____

2 ワードリストを活用し、（　）内に適当な言葉を入れて会話文を完成させ、さらにペアで練習しましょう。

A： 这是我做的（　　　　　　　）。你尝一尝。

B： 真好吃！你的手艺真棒！

A： 你最喜欢的日本菜是什么？

B： 我最喜欢的日本菜是（　　　　　　）。

A： 你最喜欢的甜品是什么？

B： 我最喜欢的甜品是（　　　　　）。

ワードリスト　🔊 269

☐ 炸猪排 zházhūpái　とんかつ　　　　☐ 生鱼片 shēngyúpiàn　刺身

☐ 寿喜烧 shòuxǐshāo　すき焼き　　　　☐ 烤鸡串 kǎojīchuàn　焼き鳥

☐ 涮火锅 shuànhuǒguō　しゃぶしゃぶ　☐ 大福 dàfú　大福

☐ 拉面 lāmiàn　ラーメン　　　　　　　☐ 樱饼 yīngbǐng　桜餅

☐ 荞麦面 qiáomàimiàn　そば　　　　　☐ 团子 tuánzi　団子

☐ 乌冬面 wūdōngmiàn　うどん　　　　☐ 铜锣烧 tóngluóshāo　どら焼き

3 音声を聞いて単語を選び、ピンインを書きましょう。　🔊 270

A 喜欢　B 手艺　C 天妇罗　D 甜品　E 生日快乐
F 寿司　G 一下　H 特别　I 抹茶　J 好吃

① ☐　ピンイン：＿＿＿＿＿＿＿＿＿　② ☐　ピンイン：＿＿＿＿＿＿＿＿＿

③ ☐　ピンイン：＿＿＿＿＿＿＿＿＿　④ ☐　ピンイン：＿＿＿＿＿＿＿＿＿

⑤ ☐　ピンイン：＿＿＿＿＿＿＿＿＿　⑥ ☐　ピンイン：＿＿＿＿＿＿＿＿＿

⑦ ☐　ピンイン：＿＿＿＿＿＿＿＿＿　⑧ ☐　ピンイン：＿＿＿＿＿＿＿＿＿

⑨ ☐　ピンイン：＿＿＿＿＿＿＿＿＿　⑩ ☐　ピンイン：＿＿＿＿＿＿＿＿＿

4 音声を聞いて、問いに対する答えを書きましょう。　🔊 271

① 他喜欢的日本菜是什么？

＿＿＿＿＿＿＿＿＿＿＿＿＿＿＿＿＿＿＿＿＿＿＿＿＿＿＿＿＿＿＿＿＿＿

② 她家附近有什么店？

＿＿＿＿＿＿＿＿＿＿＿＿＿＿＿＿＿＿＿＿＿＿＿＿＿＿＿＿＿＿＿＿＿＿

③ 他们什么时候去吃饭？

＿＿＿＿＿＿＿＿＿＿＿＿＿＿＿＿＿＿＿＿＿＿＿＿＿＿＿＿＿＿＿＿＿＿

④ 吃完饭他们去干什么？

＿＿＿＿＿＿＿＿＿＿＿＿＿＿＿＿＿＿＿＿＿＿＿＿＿＿＿＿＿＿＿＿＿＿

⑤ 她喜欢吃什么甜品？

＿＿＿＿＿＿＿＿＿＿＿＿＿＿＿＿＿＿＿＿＿＿＿＿＿＿＿＿＿＿＿＿＿＿

天气热了。

Tiānqì rè le.

暑くなりました。

本課で学習すること

🍁 変化や完了を表す"了"　　🍁 没（有）＋動詞・形容詞　　🍁 助動詞"能"

会話本文

季節はすっかり夏。気分転換も兼ねて遊びに行きたい田中さんは、一緒に泳ぎに行こうと愛ちゃんを誘う。ところが残念なことに、愛ちゃんは風邪を引いてしまったようで…

🔊 272

田中：**天气 热 了。**
　　　Tiānqì rè le.

（写真を見せて）**看，我 买了 一 套 新 泳衣。**
　　　　　　　　Kàn, wǒ mǎile yí tào xīn yǒngyī.

小爱：**很 漂亮！我 也 想 买 一 套 新 泳衣。**
　　　Hěn piàoliang! Wǒ yě xiǎng mǎi yí tào xīn yǒngyī.

田中：**小爱，咱们 去 游泳 吧。**
　　　Xiǎo'ài, zánmen qù yóuyǒng ba.

小爱：**对不起，我 感冒了，这 几 天 不 能 游泳。**
　　　Duìbuqǐ, wǒ gǎnmàole, zhè jǐ tiān bù néng yóuyǒng.

田中：**吃 药 了 吗？**
　　　Chī yào le ma?

小爱：**还 没 吃。**
　　　Hái méi chī.

新出語句

1. 天气 tiānqì 名 天気
2. 热 rè 形 暑い、熱い
3. 了 le 助 変化や完了を表す
4. 套 tào 量 セットになったものを数える
5. 新 xīn 形 新しい
6. 泳衣 yǒngyī 名 水着
7. 咱们 zánmen 代 (聞き手を含めた) 私たち
8. 游泳 yóuyǒng 動 名 泳ぐ、泳ぎ
9. 对不起 duìbuqǐ すみません
10. 感冒 gǎnmào 動 名 風邪を引く、風邪
11. 这几天 zhè jǐ tiān ここ数日
12. 能 néng 助動 …できる
13. 药 yào 名 薬
14. 还 hái 副 まだ…、なお…、さらに…

14

ポイントの新出語句

1. 已经 yǐjīng 副 すでに…、もう…
2. 又 yòu 副 また
3. 双 shuāng 量 ペアのものを数える
4. 鞋 xié 名 くつ
5. 春天 chūntiān 名 春
6. 雨 yǔ 名 雨
7. 停 tíng 動 止む、止まる、停止する
8. 身体 shēntǐ 名 体、身体
9. 参加 cānjiā 動 参加する
10. 活动 huódòng 名 活動、イベント
11. 酒 jiǔ 名 酒
12. 开车 kāi chē (車を)運転する
13. 开会 kāihuì 動 会議をする、会議に出る
14. 用 yòng 動 用いる
15. 游 yóu 動 泳ぐ
16. 千米 qiānmǐ 量 長さの単位(…キロメートル)

1 変化や完了を表す "了" 🔊 275

"了"の文法的な用法としては、

　　A 「状況の変化や新事態の発生」を表す文末の語気助詞
　　B 「動作、行為の完了」を表すアスペクト（動態）助詞

の２種類に分類されますが、両方を併用することもあり、兼ねる場合もあります。

① 状況の変化や新事態の発生を表す文末の語気助詞

〈（ある状況）＋ 了〉

已经十二点了。　　Yǐjīng shí'èr diǎn le.

我二十岁了。　　Wǒ èrshí suì le.

我是大学生了。　　Wǒ shì dàxuéshēng le.

② 動作、行為の完了を表すアスペクト（動態）助詞

〈動詞 ＋ 了 ＋ 修飾語 ＋ 目的語〉

我吃了一个面包。　　Wǒ chīle yí ge miànbāo.

她喝了两杯茶。　　Tā hēle liǎng bēi chá.

妈妈买了新衣服。　　Māma mǎile xīn yīfu.

※目的語の前に修飾語がない場合、文が終止したという感じがしないため、修飾語を目的語の前に入れるか、文末に語気助詞の "了" をつけるか、またはあとに文をつづけなければなりません。

我吃了面包了。　　　　　　　　Wǒ chīle miànbāo le.

她喝了茶，就去学校。　　　　　Tā hēle chá, jiù qù xuéxiào.

妈妈买了衣服，又买了一双鞋。　Māma mǎile yīfu, yòu mǎile yì shuāng xié.

③ 語気助詞とアスペクト助詞を兼ねる：〈動詞 ＋ 了〉

春天来了。　　Chūntiān lái le.

雨停了。　　Yǔ tíng le.

2　〈 没 (有) ＋ 動詞・形容詞 〉　「～しなかった、～していない」
　　〈 还没 (有) ＋ 動詞・形容詞 〉　「まだ～していない」　🔊 276

※〈没 (有) ＋ 動詞〉 ⇒ 客観的な事実の否定　"没来"は「来なかった、来ていない」
　〈不 ＋ 動詞〉　　⇒ 動作の否定、または話し手の意志による否定　"不来"は「来ない」

我没 (有) 吃面包。	Wǒ méi (yǒu) chī miànbāo.
妈妈没 (有) 买新衣服。	Māma méi (yǒu) mǎi xīn yīfu.
雨还没 (有) 停。	Yǔ hái méi (yǒu) tíng.
身体还没 (有) 好。	Shēntǐ hái méi (yǒu) hǎo.

3　助動詞 "能"　🔊 277

① 客観的な条件があって 「～できる」

我能参加今天的活动。	Wǒ néng cānjiā jīntiān de huódòng.
我今天喝酒了，不能开车。	Wǒ jīntiān hē jiǔ le, bù néng kāi chē.
你能来开会吗？	Nǐ néng lái kāihuì ma?

② 具体的な能力を示して 「～できる」

※注意："不能"は禁止の意味もあります。「～してはいけない」

他能用汉语写信。	Tā néng yòng Hànyǔ xiě xìn.
她能游一千米。	Tā néng yóu yì qiānmǐ.

練習問題

1 会話本文の内容に即して答えましょう。　🔊 278

① 天气热不热？　_____

② 田中买了什么？　_____

③ 田中的新泳衣怎么样？　_____

④ 小爱为什么不能游泳？　_____
　*为什么 wèishénme：なぜ

⑤ 她吃药了吗？　_____

2 ワードリストを活用し、（　）内に適当な言葉を入れて会話文を完成させ、さらにペアで練習しましょう。

A： 天气（　　　　　）了。我买了（　　　　　）。

B： 我也想买（　　　　　）。

A： 咱们去（　　　　　）吧。

B： 对不起，我（　　　　　）了，不能去（　　　　　）。

A： 吃药了吗？

B： 还没吃。

ワードリスト　🔊 279

□ **冷** lěng　寒い
□ **暖和** nuǎnhuo　暖かい
□ **凉快** liángkuai　涼しい
□ **一个帽子** yí ge màozi　一個の帽子
□ **一条围巾** yì tiáo wéijīn　一枚のマフラー
□ **一副手套** yí fù shǒutào　一組の手袋
□ **一件外套** yí jiàn wàitào　一着のコート

□ **看樱花** kàn yīnghuā　お花見をする
□ **看烟花** kàn yānhuā　花火を見る
□ **看红叶** kàn hóngyè　紅葉を見る
□ **泡温泉** pào wēnquán　温泉に入る
□ **生病** shēngbìng　病気になる
□ **发烧** fāshāo　熱が出る

214

3 音声を聞いて単語を選び、ピンインを書きましょう。 🔊 280

> A 对不起　　B 泳衣　　C 感冒　　D 天气
> E 热　　　　F 游泳　　G 药　　　H 套

① ☐ ピンイン：＿＿＿＿＿＿＿＿　　② ☐ ピンイン：＿＿＿＿＿＿＿＿

③ ☐ ピンイン：＿＿＿＿＿＿＿＿　　④ ☐ ピンイン：＿＿＿＿＿＿＿＿

⑤ ☐ ピンイン：＿＿＿＿＿＿＿＿　　⑥ ☐ ピンイン：＿＿＿＿＿＿＿＿

⑦ ☐ ピンイン：＿＿＿＿＿＿＿＿　　⑧ ☐ ピンイン：＿＿＿＿＿＿＿＿

14

4 音声を聞いて、問いに対する答えとして正しいものを選びましょう。 🔊 281

① 她吃饭了吗？　　　　　　　　　　　　　　　　　　　☐

　　　A 吃了　　　B 还没吃

② 他吃了什么？　　　　　　　　　　　　　　　　　　　☐

　　　A 咖喱饭　　　B 意大利面　　　C 乌冬面

③ 她感冒了吗？　　　　　　　　　　　　　　　　　　　☐

　　　A 感冒了　　　B 没感冒

④ 她想去哪儿？　　　　　　　　　　　　　　　　　　　☐

　　　A 图书馆　　　B 邮局　　　C 医院

⑤ 他能和她一起去吗？　　　　　　　　　　　　　　　　☐

　　　A 能　　　B 不能

快放暑假了。
Kuài fàng shǔjià le.

もうすぐ夏休みです。

本課で学習すること

🍁 "快〜了"　🍁 助動詞 "会"　🍁 二重目的語をとる動詞

会話本文

夏休み、田中さんは上海へ短期留学に行く。少し寂しくなるけれど、帰ってきたとき、李くんともっとたくさん喋れるようになっているのを期待して、思う存分楽しんで来よう！

◀)) 282

田中： 李 明，快 放 暑假 了，你 打算 干 什么？
Lǐ Míng, kuài fàng shǔjià le, nǐ dǎsuàn gàn shénme?

李明： 我 打算 去 京都 旅游。彩香，你 呢？
Wǒ dǎsuàn qù Jīngdū lǚyóu. Cǎixiāng, nǐ ne?

田中： 我 打算 去 上海 参加 短期 留学。
Wǒ dǎsuàn qù Shànghǎi cānjiā duǎnqī liúxué.

李明： 真 好！你 会 说 上海话 吗？
Zhēn hǎo! Nǐ huì shuō Shànghǎihuà ma?

田中： 不 会，你 教 我 上海话 吧。
Bú huì, nǐ jiāo wǒ Shànghǎihuà ba.

李明： 没 问题！祝 你 在 上海 一切 顺利！
Méi wèntí! Zhù nǐ zài Shànghǎi yíqiè shùnlì!

新出語句

1.	快～了 kuài～le まもなく…	9.	留学 liúxué 動留学する
2.	放暑假 fàng shǔjià 夏休みになる	10.	会 huì 助動…できる、…はずだ
3.	打算 dǎsuàn 動…するつもりだ	11.	说 shuō 動話す
4.	干 gàn 動やる、する	12.	上海话 Shànghǎihuà 名上海語
5.	京都 Jīngdū 名京都	13.	教 jiāo 動教える
6.	旅游 lǚyóu 動旅行する	14.	没问题 méi wèntí 問題ない
7.	上海 Shànghǎi 名上海	15.	祝 zhù 動祈る、祝う、願う
8.	短期 duǎnqī 名短期	16.	一切顺利 yíqiè shùnlì 万事順調だ

15

🔊 284

ポイントの新出語句

1.	包 bāo 動包む	4.	回家 huí jiā 帰宅する
2.	饺子 jiǎozi 名餃子	5.	告诉 gàosu 動教える、知らせる、言う
3.	下雨 xià yǔ 雨が降る	6.	好消息 hǎo xiāoxi よい知らせ

京都　　上海

1 "快～了"「まもなく～する」、「まもなく～だ」 🔊 285

快上课了。	Kuài shàngkè le.
我快过生日了。	Wǒ kuài guò shēngrì le.
飞机快到北京了。	Fēijī kuài dào Běijīng le.

2 助動詞 "会" 🔊 286

① 学習、訓練、練習などによって「～することができる」

我会开车。	Wǒ huì kāi chē.
你会包饺子吗？	Nǐ huì bāo jiǎozi ma?
她会不会游泳？	Tā huì bu huì yóuyǒng?

② 可能性を示す「～だろう」「～するはずだ」

今天晚上她会来我家。	Jīntiān wǎnshang tā huì lái wǒ jiā.
明天会下雨吗？	Míngtiān huì xià yǔ ma?
他会不会已经回家了？	Tā huì bu huì yǐjīng huíjiā le?

〈 動詞 + 目的語 1（人）+ 目的語 2（モノ・コト）〉

15

李老师教我们汉语。　　　Lǐ lǎoshī jiāo wǒmen Hànyǔ.

我送你一个礼物。　　　　Wǒ sòng nǐ yí ge lǐwù.

我告诉你们一个好消息。　Wǒ gàosu nǐmen yí ge hǎo xiāoxi.

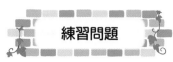

練習問題

1 会話本文の内容に即して答えましょう。　🔊 288

① 李明暑假打算干什么？　＿＿＿＿＿＿＿＿＿＿＿＿＿＿＿＿＿＿＿

② 田中暑假也去京都吗？　＿＿＿＿＿＿＿＿＿＿＿＿＿＿＿＿＿＿＿

③ 田中暑假打算干什么？　＿＿＿＿＿＿＿＿＿＿＿＿＿＿＿＿＿＿＿

④ 田中会说上海话吗？　＿＿＿＿＿＿＿＿＿＿＿＿＿＿＿＿＿＿＿

⑤ 李明教田中什么？　＿＿＿＿＿＿＿＿＿＿＿＿＿＿＿＿＿＿＿

2 ワードリストを活用し、（　）内に適当な言葉を入れて会話文を完成させ、さらにペアで練習しましょう。

A ： 快（　　　　　　　）了，你打算干什么？

B ： 我打算去（　　　　　）（　　　　　　　）。你呢？

A ： 我打算去（　　　　　）（　　　　　　）。

B ： 你会（　　　　　）吗？

A ： 不会，你教我（　　　　　）吧。

B ： 没问题！

ワードリスト　🔊 289

☐ 放春假 fàng chūnjià　春休みに入る
☐ 放寒假 fàng hánjià　冬休みに入る
☐ 过年 guònián　正月を迎える
☐ 过圣诞节 guò Shèngdànjié
　　クリスマスを過ごす
☐ 滑雪场 huáxuěchǎng　スキー場
☐ 滑雪 huáxuě　スキーをする
☐ 驾校 jiàxiào　自動車学校
☐ 学开车 xué kāichē　車の運転を習う
☐ 补习班 bǔxíbān　塾
☐ 教英语 jiāo Yīngyǔ　英語を教える
☐ 跳舞 tiàowǔ　ダンスをする
☐ 打乒乓球 dǎ pīngpāngqiú　卓球をする

3　音声を聞いて単語を選び、ピンインを書きましょう。　🔊 290

A 旅游	B 教	C 暑假	D 参加
E 打算	F 一切顺利	G 没问题	H 短期留学

① ☐　ピンイン：＿＿＿＿＿＿＿　② ☐　ピンイン：＿＿＿＿＿＿＿

③ ☐　ピンイン：＿＿＿＿＿＿＿　④ ☐　ピンイン：＿＿＿＿＿＿＿

⑤ ☐　ピンイン：＿＿＿＿＿＿＿　⑥ ☐　ピンイン：＿＿＿＿＿＿＿

⑦ ☐　ピンイン：＿＿＿＿＿＿＿　⑧ ☐　ピンイン：＿＿＿＿＿＿＿

4　音声を聞いて、問いに対する答えを書きましょう。　🔊 291

① 他喜欢吃中国菜吗?

＿＿＿＿＿＿＿＿＿＿＿＿＿＿＿＿＿＿＿＿＿＿＿＿＿＿＿

② 他会做中国菜吗?

＿＿＿＿＿＿＿＿＿＿＿＿＿＿＿＿＿＿＿＿＿＿＿＿＿＿＿

③ 他想学中国菜吗?

＿＿＿＿＿＿＿＿＿＿＿＿＿＿＿＿＿＿＿＿＿＿＿＿＿＿＿

④ 快过圣诞节了吗?

＿＿＿＿＿＿＿＿＿＿＿＿＿＿＿＿＿＿＿＿＿＿＿＿＿＿＿

⑤ 她教他做什么?

＿＿＿＿＿＿＿＿＿＿＿＿＿＿＿＿＿＿＿＿＿＿＿＿＿＿＿

我要办入学手续。
Wǒ yào bàn rùxué shǒuxù.

私は入学手続きをしたいです。

本課で学習すること

🍁 動詞・助動詞"要"　🍁 助動詞"可以"　🍁 選択疑問文"A 还是 B"

会話本文

今日から上海での留学生活が始まる。中国の大学のキャンパスはやっぱり大きい！田中さんは期待に胸を膨らませながら大学の受付に向かう。

🔊 292

管理员：你 好，欢迎 来到 上海 国际 大学。
　　　　Nǐ hǎo, huānyíng láidào Shànghǎi guójì dàxué.

田中：您 好！我 是 田中 彩香，我 要 办 入学 手续。
　　　Nín hǎo! Wǒ shì Tiánzhōng Cǎixiāng, wǒ yào bàn rùxué shǒuxù.

管理员：好 的，你 要 单人间 宿舍 还是 双人间 宿舍？
　　　　Hǎo de, nǐ yào dānrénjiān sùshè háishi shuāngrénjiān sùshè?

田中：我 要 双人间。
　　　Wǒ yào shuāngrénjiān.

管理员：你 的 宿舍 是 五〇三 号，现在 可以 去 了。
　　　　Nǐ de sùshè shì wǔlíngsān hào, xiànzài kěyǐ qù le.

田中：谢谢。电梯 在 哪儿？
　　　Xièxie. Diàntī zài nǎr?

管理员：在 那儿！
　　　　Zài nàr!

新出語句

1. 欢迎 huānyíng 　動 歓迎する
2. 来到 láidào 　動 到着する、やってくる
3. 上海国际大学 Shànghǎi guójì dàxué
　　名 上海国際大学
4. 要 yào 　動 ください
　　助動 …したい、しなければならない
5. 办 bàn 　動 する、処理する
6. 入学 rùxué 　動 入学する

7. 手续 shǒuxù 　名 手続き
8. 单人间 dānrénjiān 　名 一人部屋
9. 宿舍 sùshè 　名 寮
10. 还是 háishi 　接 …かそれとも…
11. 双人间 shuāngrénjiān 　名 二人部屋
12. 号 hào 　名 号、室
13. 可以 kěyǐ 　助動 …してよい、…できる
14. 电梯 diàntī 　名 エレベーター

16

ポイントの新出語句

1. 系 jì 　動 締める、結ぶ
2. 安全带 ānquándài 　名 シートベルト
3. 下个月 xiàgeyuè 　来月
4. 出差 chūchāi 　動 出張する
5. 不用 búyòng
　　…する必要がない、…しなくてもよい
6. 大声 dàshēng 　形 大声である、声が大きい

7. 说话 shuōhuà 　動 話す
8. 吸烟 xīyān 　タバコを吸う
9. 时候 shíhou 　名 …の時
10. 米饭 mǐfàn 　名 ライス
11. 面条 miàntiáo 　名 麺類
12. 狗 gǒu 　名 犬

上海

223

1 動詞・助動詞 "要" ◀))295

動詞 "要" 「〜ください」

我要一杯咖啡。　　Wǒ yào yì bēi kāfēi.

我要两个面包。　　Wǒ yào liǎng ge miànbāo.

助動詞 "要" 「〜したい／〜しなければならない」、「〜するつもりだ」

我要回家。　　　　　　　Wǒ yào huíjiā.

开车的时候要系安全带。　Kāi chē de shíhou yào jì ānquándài.

他下个月要去北京出差。　Tā xiàgeyuè yào qù Běijīng chūchāi.

※「〜しなくてもよい」、「〜する必要がない」は "不用" を用います。

明天我不用去打工。　　　Míngtiān wǒ búyòng qù dǎgōng.

感冒好了，不用去医院。　Gǎnmào hǎo le, búyòng qù yīyuàn.

不要 「〜してはいけない／〜しないでください」

在图书馆里不要大声说话。　Zài túshūguǎnli búyào dàshēng shuōhuà.

请不要在这里吸烟。　　　　Qǐng búyào zài zhèlǐ xīyān.

2 助動詞 "可以" 🔊 296

肯定文 「～してもよい」（許可）

你可以去，也可以不去。　Nǐ kěyǐ qù, yě kěyǐ bú qù.

那里可以游泳。　　　　Nàlǐ kěyǐ yóuyǒng.

否定文 "不可以"／"不能" 「～してはいけない」

考试的时候不可以说话。　Kǎoshì de shíhou bù kěyǐ shuōhuà.

这里不能吸烟。　　　　Zhèlǐ bù néng xīyān.

いろいろな疑問文

可以给我一个面包吗？　　Kěyǐ gěi wǒ yí ge miànbāo ma?

可（以）不可以给我一个面包？　Kě (yǐ) bu kěyǐ gěi wǒ yí ge miànbāo?

给我一个面包，可以吗？　Gěi wǒ yí ge miànbāo, kěyǐ ma?

3 選択疑問文 "A 还是 B" 「A それとも B ？」 🔊 297

你吃米饭还是吃面条？　Nǐ chī mǐfàn háishi chī miàotiáo?

你喜欢狗还是喜欢猫？　Nǐ xǐhuan gǒu háishi xǐhuan māo?

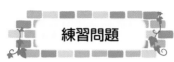

練習問題

1　会話本文の内容に即して答えましょう。　🔊 298

① 田中在哪个大学参加短期留学？　_____

　*哪个 nǎge：どの

② 她要办什么？　_____

③ 她要单人间宿舍还是双人间宿舍？　_____

④ 她的宿舍是五〇二号吗？　_____

⑤ 现在可以去宿舍吗？　_____

2　ワードリストを活用し、（　）内に適当な言葉を入れて会話文を完成させ、さらにペアで練習しましょう。

A ： 您好！

B ： 您好！我要住宿。

A ： 好的，您要（　　　　　　）还是（　　　　　　）？

B ： 我要（　　　　　　）。

A ： 好的，您的房间是（　　　　　　）号。

B ： 可以（　　　　　　）吗？

A ： 可以。

ワードリスト　🔊 299

☐ 住宿 zhùsù　宿泊する

☐ 单床房 dānchuángfáng　シングルルーム

☐ 双床房 shuāngchuángfáng　ツインルーム

☐ 大床房 dàchuángfáng　ダブルルーム

☐ 套房 tàofáng　スイートルーム

☐ 刷卡 shuākǎ　カードで支払う

☐ 付现金 fù xiànjīn　現金で支払う

☐ 用微信支付 yòng Wēixìn zhīfù　ウィーチャットペイで支払う

☐ 用支付宝支付 yòng Zhīfùbǎo zhīfù　アリペイで支払う

3 音声を聞いて単語を選び、ピンインを書きましょう。　🔊300

| A 还是 | B 电梯 | C 双人间 | D 入学手续 |
| E 单人间 | F 可以 | G 宿舍 | H 欢迎 |

① ☐　ピンイン：＿＿＿＿＿＿＿＿　② ☐　ピンイン：＿＿＿＿＿＿＿＿

③ ☐　ピンイン：＿＿＿＿＿＿＿＿　④ ☐　ピンイン：＿＿＿＿＿＿＿＿

⑤ ☐　ピンイン：＿＿＿＿＿＿＿＿　⑥ ☐　ピンイン：＿＿＿＿＿＿＿＿

⑦ ☐　ピンイン：＿＿＿＿＿＿＿＿　⑧ ☐　ピンイン：＿＿＿＿＿＿＿＿

4 音声を聞いて、問いに対する答えを書きましょう。　🔊301

① 她明天要去干什么？

＿＿＿＿＿＿＿＿＿＿＿＿＿＿＿＿＿＿＿＿＿＿＿＿＿＿

② 他明天上午去哪儿？

＿＿＿＿＿＿＿＿＿＿＿＿＿＿＿＿＿＿＿＿＿＿＿＿＿＿

③ 明天他能和她一起去邮局吗？

＿＿＿＿＿＿＿＿＿＿＿＿＿＿＿＿＿＿＿＿＿＿＿＿＿＿

④ 他们明天几点去邮局？

＿＿＿＿＿＿＿＿＿＿＿＿＿＿＿＿＿＿＿＿＿＿＿＿＿＿

⑤ 他们在车站见面还是在邮局见面？

＿＿＿＿＿＿＿＿＿＿＿＿＿＿＿＿＿＿＿＿＿＿＿＿＿＿

你在听什么呢?

Nǐ zài tīng shénme ne?

あなたは何を聴いていますか。

本課で学習すること

🍁 動作・行為の進行を表す"在"　　🍁 持続の状態を表す"着"

会話本文

大学の寮は二人部屋。ルームメイトの王琳ちゃんはすごく活発でフレンドリーな女の子。色々と親切に教えてくれる。これからもっと仲良くなれるといいな…

🔊 302

王琳: 你 好, 我 是 你 的 室友。 我 叫 王 琳。
Nǐ hǎo, wǒ shì nǐ de shìyǒu. Wǒ jiào Wáng Lín.

田中: 你 好, 我 叫 田 中 彩 香。 很 高兴 认识 你。
Nǐ hǎo, wǒ jiào Tiánzhōng Cǎixiāng. Hěn gāoxìng rènshi nǐ.

王琳: 我 也 很 高兴。
Wǒ yě hěn gāoxìng.

* * * * * *

我们 加 微信 吧。
Wǒmen jiā Wēixìn ba.

田中: 好 啊。 你 在 听 什么 呢?
Hǎo a. Nǐ zài tīng shénme ne?

王琳: 我 在 听 钢琴曲 呢, 我 喜欢 听着 音乐 写 作业。
Wǒ zài tīng gāngqínqǔ ne, wǒ xǐhuan tīngzhe yīnyuè xiě zuòyè.

田中: 我 也 喜欢! 十二 点 了, 咱们 去 吃 饭 吧。
Wǒ yě xǐhuan! Shí'èr diǎn le, zánmen qù chī fàn ba.

🔊 303

新出語句

1. 室友 shìyǒu 名 ルームメイト
2. 王琳 Wáng Lín 名 王琳
3. 高兴 gāoxìng 形 嬉しい、楽しい
4. 认识 rènshi 動 見知っている、認識する
5. 加 jiā 動 追加する、登録する
6. 微信 Wēixìn 名 ウィーチャット
7. 听 tīng 動 聴く
8. 钢琴曲 gāngqínqǔ 名 ピアノ曲
9. 着 zhe 助 動作の継続、結果の持続を表す
10. 音乐 yīnyuè 名 音楽
11. 作业 zuòyè 名 宿題

17

🔊 304

ポイントの新出語句

1. 工作 gōngzuò 動 仕事する
2. 做饭 zuò fàn ご飯を作る、料理する
3. 窗户 chuānghu 名 窓
4. 开 kāi 動 開ける、開く
5. 戴 dài 動 メガネ、手袋などを身につける
6. 眼镜 yǎnjìng 名 メガネ
7. 带 dài 動 携帯する、引き連れる
8. 钱包 qiánbāo 名 財布
9. 钱 qián 名 お金

1　動作・行為の進行を表す "在"　🔊 305

〈 動詞（＋ 目的語）＋ 呢 〉　「〜をしています」

我听音乐呢。　　　　Wǒ tīng yīnyuè ne.

爸爸工作呢。　　　　Bàba gōngzuò ne.

我们做饭呢。　　　　Wǒmen zuò fàn ne.

〈 在 ＋ 動詞（＋ 目的語）（＋ 呢）〉　「〜をしています」

我在听音乐。　　　　Wǒ zài tīng yīnyuè.

爸爸在工作。　　　　Bàba zài gōngzuò.

我们在做饭呢。　　　Wǒmen zài zuò fàn ne.

〈 正在 ＋ 動詞（＋ 目的語）（＋ 呢）〉　「〜をしているところです」

我正在听音乐。　　　Wǒ zhèng zài tīng yīnyuè.

爸爸正在工作。　　　Bàba zhèng zài gōngzuò.

我们正在做饭呢。　　Wǒmen zhèng zài zuò fàn ne.

〈 動詞 ＋ 着 (＋ 目的語) 〉 「～ている / ～てある」

窗户开着。　　　　Chuānghu kāizhe.

他戴着眼镜。　　　Tā dàizhe yǎnjìng.

否定文　〈 没 (有) ＋ 動詞 (＋ 着) (＋ 目的語) 〉 「～していない」

教室里没开(着)窗户。　　Jiàoshì lǐ méi kāi (zhe) chuānghu.

我今天没带(着)钱包　　Wǒ jīntiān méi dài (zhe) qiánbāo.

〈 動詞 ＋ 着 (＋ 目的語) ＋ 動詞 (＋ 目的語) 〉 「～しながら…する」

※ "着" のついた動詞の後にさらに動詞が続くときは、前の動詞句は後の動詞句の手段や状態を表します。

我听着音乐写信。　　　　Wǒ tīngzhe yīnyuè xiě xìn.

车站很近，我们走着去吧。　Chēzhàn hěn jìn, wǒmen zǒuzhe qù ba.

我带着钱去。　　　　　　Wǒ dàizhe qián qù.

17

練習問題

1 会話本文の内容に即して答えましょう。 🔊 307

① 田中的室友叫什么名字？ _____

② 她们加微信了吗？ _____

③ 王琳在听什么？ _____

④ 王琳喜欢听着音乐干什么？ _____

⑤ 十二点了，她们去干什么？ _____

2 ワードリストを活用し、（ ）内に適当な言葉を入れて会話文を完成させ、さらにペアで練習しましょう。

A： 喂，李明，你在干什么？

B： 我在（　　　　　　　）呢。你呢？

A： 我（　　　　　　　）呢。下午咱们去公园吧。

B： 好啊。公园很近，我们走着去吧。

A： 好的。你用（　　　　　　　）吗？我想加你。

B： 没问题！

ワードリスト 🔊 308

☐ 上网 shàngwǎng　インターネットをする
☐ 看书 kàn shū　本を読む
☐ 看电视 kàn diànshì　テレビを見る
☐ 看电影 kàn diànyǐng　映画を見る
☐ 画画儿 huà huàr　絵を描く
☐ 打棒球 dǎ bàngqiú　野球をする
☐ 打乒乓球 dǎ pīngpāngqiú　卓球をする
☐ 打网球 dǎ wǎngqiú　テニスをする

☐ 打羽毛球 dǎ yǔmáoqiú
　　バドミントンをする
☐ 脸书 Liǎnshū　フェイスブック
☐ 连我 Liánwǒ　LINE
☐ 推特 Tuītè　ツイッター
☐ 微博 Wēibó
　　ウェイボー（中国版ツイッター）

3 音声を聞いて単語を選び、ピンインを書きましょう。　🔊 309

| A 听 | B 音乐 | C 室友 | D 认识 |
| E 作业 | F 高兴 | G 写 | H 微信 |

① ☐ ピンイン:＿＿＿＿＿　② ☐ ピンイン:＿＿＿＿＿

③ ☐ ピンイン:＿＿＿＿＿　④ ☐ ピンイン:＿＿＿＿＿

⑤ ☐ ピンイン:＿＿＿＿＿　⑥ ☐ ピンイン:＿＿＿＿＿

⑦ ☐ ピンイン:＿＿＿＿＿　⑧ ☐ ピンイン:＿＿＿＿＿

4 音声を聞いて、問いに対する答えを書きましょう。　🔊 310

① 她在哪儿？她在给谁打电话？

＿＿＿＿＿＿＿＿＿＿＿＿＿＿＿＿

② 爸爸在干什么？

＿＿＿＿＿＿＿＿＿＿＿＿＿＿＿＿

③ 妈妈在干什么？

＿＿＿＿＿＿＿＿＿＿＿＿＿＿＿＿

④ 姐姐在干什么？

＿＿＿＿＿＿＿＿＿＿＿＿＿＿＿＿

⑤ 弟弟在干什么？　*躺 tǎng：横になる

＿＿＿＿＿＿＿＿＿＿＿＿＿＿＿＿

这件比那件小一点儿。

Zhè jiàn bǐ nà jiàn xiǎo yìdiǎnr.

これはあれより少し小さいです。

本課で学習すること

🍁 "又～又…"　　🍁 数字(2)　　🍁 金額の言い方　　🍁 比較の表現

会話本文

今日は休日。田中さんは王琳ちゃんのおすすめのチャイナドレスのお店に行く。最近、中国では伝統衣装が流行っているらしい。いろいろ試着して、綺麗なドレスをゲットした。

🔊 311

田中：王琳，这家店真好，衣服又漂亮又便宜！
Wáng lín, zhè jiā diàn zhēn hǎo, yīfu yòu piàoliang yòu piányi!

王琳：是啊。这件旗袍很适合你，你试试吧。
Shì a. Zhè jiàn qípáo hěn shìhé nǐ, nǐ shìshi ba.

田中：有点儿大。有小一点儿的吗？
Yǒudiǎnr dà. Yǒu xiǎo yìdiǎnr de ma?

服务员：这件比那件小一点儿。
Zhè jiàn bǐ nà jiàn xiǎo yìdiǎnr.

田中：我试一下。正合适！多少钱？
Wǒ shì yíxià. Zhèng héshì! Duōshao qián?

服务员：三百八十元。
Sānbǎibāshí yuán.

🔊 312

新出語句

1. 又〜又… yòu〜yòu… 〜でもあり…でもある
2. 便宜 piányi 形 安い
3. 件 jiàn 量 服・事柄を数える
4. 旗袍 qípáo 名 チャイナドレス
5. 适合 shìhé 動 適合する、合う、ふさわしい
6. 试 shì 動 試す
7. 有点儿 yǒudiǎnr 副 少し…
8. 大 dà 形 大きい、年上

9. 小 xiǎo 形 小さい、年下
10. 一点儿 yìdiǎnr 名 少し
11. 比 bǐ 前 …より
12. 正 zhèng 副 まさに…、ちょうど…
13. 合适 héshì 形 ぴったり、ふさわしい
14. 多少钱 duōshao qián いくらですか
15. 元 yuán 量 通貨の単位「…元」

🔊 313

ポイントの新出語句

1. 大家 dàjiā 代 皆さん
2. 聊天 liáotiān 動 雑談する
3. 千 qiān 数 千
4. 万 wàn 数 万
5. 亿 yì 数 億
6. 人民币 Rénmínbì 名 人民元
7. 块 kuài 量 通貨の単位「…元」
8. 角 jiǎo 量 通貨の単位「…角」

9. 毛 máo 量 通貨の単位「…毛」
10. 分 fēn 量 通貨の単位「…分」
11. 高 gāo 形 高い
12. 苹果 píngguǒ 名 りんご
13. 水果 shuǐguǒ 名 果物
14. 贵 guì 形 値段が高い
15. 〜得多 de duō （形容詞の後について）ずっと〜だ
16. 不如 bùrú 動 …及ばない

235

1 "又～又…"「～（でもあり）また…（でもある）」 🔊 314

並列した２つ以上の形容詞または動詞を繋ぐ場合の言い方です。"既 (jì) ～又…"とも言います。

这家店的寿司又好吃又便宜。
Zhè jiā diàn de shòusī yòu hǎochī yòu piányi.

今天和大家一起又吃饭又聊天，真高兴。
Jīntiān hé dàjiā yìqǐ yòu chīfàn yòu liáotiān, zhēn gāoxìng.

他既不吸烟又不喝酒。
Tā jì bù xīyān yòu bù hējiǔ.

2 数字 (2) 100以上の数字 🔊 315

0	1	2	3	4	5	6	7	8	9	10
零	一	二（两）	三	四	五	六	七	八	九	十
líng	yī	èr (liǎng)	sān	sì	wǔ	liù	qī	bā	jiǔ	shí

11	12	20	21	30	40	100	101
十一	十二	二十	二十一	三十	四十	一百	一百零一
shíyī	shí'èr	èrshí	èrshíyī	sānshí	sìshí	yìbǎi	yìbǎi líng yī

102	110	112	200	1,000
一百零二	一百一十	一百一十二	二百（两百）	一千
yìbǎi líng èr	yìbǎi yīshí	yìbǎi yīshí'èr	èrbǎi (liǎngbǎi)	yìqiān

2,000	10,000	20,000	100,000,000	200,000,000
两千	一万	两万	一亿	两亿
liǎngqiān	yíwàn	liǎngwàn	yíyì	liǎngyì

3 金額の言い方 🔊 316

| 人民元 | 人民币 | Rénmínbì |
| いくらですか？ | 多少钱？ | Duōshao qián? |

お金の単位	口語では
元 yuán	块 kuài
角 jiǎo	毛 máo
分 fēn	分 fēn

（※ 1 元 = 10 角 = 100 分）

例 「10.50 元」

⇒ 十元五角　shí yuán wǔ jiǎo

十块五（毛）shí kuài wǔ (máo)　※口語では最後の単位は省略可能です。

「29.65 元」

⇒ 二十九元六角五分　èr shí jiǔ yuán liù jiǎo wǔ fēn

二十九块六毛五（分）èr shí jiǔ kuài liù máo wǔ (fēn)

4 比較の表現 🔊 317

"比"〈 A ＋ 比 ＋ B ＋ 比較の結果 〉「A は B より〜」

他比我高。	Tā bǐ wǒ gāo.
这个苹果比那个苹果大一点儿。	Zhè ge píngguǒ bǐ nà ge píngguǒ dà yìdiǎnr.
日本的水果比中国的贵得多。	Rìběn de shuǐguǒ bǐ Zhōngguó de guì de duō.

"没（有）"、"不如"〈 A ＋ 没有／不如 ＋ B ＋ 形容詞 〉「A は B ほど〜ない」

| 今天没（有）昨天热。 | Jīntiān méi(yǒu) zuótiān rè. |
| 火车不如飞机快。 | Huǒchē bùrú fēijī kuài. |

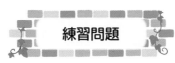

練習問題

1 会話本文の内容に即して答えましょう。　🔊 318

① 田中和王琳在干什么？　_____

② 这家店的衣服怎么样？　_____

③ 田中试了几件旗袍？　_____

④ 有合适的旗袍吗？　_____

⑤ 田中买的旗袍多少钱？　_____

2 ワードリストを活用し、（　）内に適当な言葉を入れて会話文を完成させ、さらにペアで練習しましょう。

A： 这家店真好，衣服又漂亮又便宜！

B： 是啊。这（　　　　　　）很适合你，你试试吧。

A： 有点儿（　　　　　　）。有（　　　　　　）一点儿的吗？

C： 这（　　　）比那（　　　）（　　　）一点儿。

A： 正合适！多少钱？

C： （　　　　　　）。

ワードリスト　🔊 319

☐ 〜件衬衫 〜jiàn chènshān　〜枚のシャツ

☐ 〜件T恤衫 〜jiàn Txùshān　〜枚のTシャツ

☐ 〜件毛衣 〜jiàn máoyī　〜枚のセーター

☐ 〜件连衣裙 〜jiàn liányīqún　〜着のワンピース

☐ 〜条裙子 〜tiáo qúnzi　〜枚のスカート

☐ 〜条裤子 〜tiáo kùzi　〜本のズボン

☐ 长 cháng　長い

☐ 短 duǎn　短い

☐ 肥 féi　服のサイズが大きくぶかぶかする

☐ 瘦 shòu　服のサイズが小さくて窮屈

3 音声を聞いて単語を選び、ピンインを書きましょう。 🔊 320

| A 适合 | B 比 | C 旗袍 | D 有点儿 |
| E 试 | F 多少钱 | G 便宜 | H 合适 |

① ☐ ピンイン：＿＿＿＿＿＿ ② ☐ ピンイン：＿＿＿＿＿＿

③ ☐ ピンイン：＿＿＿＿＿＿ ④ ☐ ピンイン：＿＿＿＿＿＿

⑤ ☐ ピンイン：＿＿＿＿＿＿ ⑥ ☐ ピンイン：＿＿＿＿＿＿

⑦ ☐ ピンイン：＿＿＿＿＿＿ ⑧ ☐ ピンイン：＿＿＿＿＿＿

4 音声を聞いて、問いに対する答えを書きましょう。 🔊 321

① 这家店有没有意大利面？

＿＿＿＿＿＿＿＿＿＿＿＿＿＿＿＿＿＿＿＿＿＿＿＿＿＿＿

② 这家店有什么？

＿＿＿＿＿＿＿＿＿＿＿＿＿＿＿＿＿＿＿＿＿＿＿＿＿＿＿

③ 乌冬面多少钱？

＿＿＿＿＿＿＿＿＿＿＿＿＿＿＿＿＿＿＿＿＿＿＿＿＿＿＿

④ 拉面多少钱？

＿＿＿＿＿＿＿＿＿＿＿＿＿＿＿＿＿＿＿＿＿＿＿＿＿＿＿

⑤ 他要吃什么？

＿＿＿＿＿＿＿＿＿＿＿＿＿＿＿＿＿＿＿＿＿＿＿＿＿＿＿

第 19 课

我得减肥，咱们走回去吧。

Wǒ děi jiǎnféi, zánmen zǒuhuíqù ba.

ダイエットしなければならないから、歩いて帰りましょう。

本課で学習すること

🍁 方向補語　　🍁 可能補語　　🍁 助動詞"得"

会話本文

上海と言えば美食の都！今日は王琳ちゃんと一緒におしゃれなレストランへ。本場の上海蟹と小籠包を食べて大満足！いつもは大学の食堂だけど、たまにはこういうのもいいよね。

🔊 322

服务员：　您 好！ 您 点 菜 吗？
　　　　　Nín hǎo! Nín diǎn cài ma?

王琳：　　来 一 盘 红烧肉、两 只 清蒸 大闸蟹。
　　　　　Lái yì pán hóngshāoròu、liǎng zhī qīngzhēng dàzháxiè.

　　　　　再 来 两 份 小笼包！
　　　　　Zài lái liǎng fèn xiǎolóngbāo!

田中：　　这么 多 啊？ 吃得完 吗？
　　　　　Zhème duō a? Chīdewán ma?

王琳：　　放心 吧, 没 问题！
　　　　　Fàngxīn ba, méi wèntí!

（食べ終わって）

田中：　　这 家 店 的 菜 太 好吃 了！ 下 次 再 来 吧。
　　　　　Zhè jiā diàn de cài tài hǎochī le! Xià cì zài lái ba.

王琳：　　好 啊！ 不过 我 得 减肥, 咱们 走回去 吧。
　　　　　Hǎo a! Búguò wǒ děi jiǎnféi, zánmen zǒuhuíqù ba.

新出語句

1. 点 diǎn 〔動〕注文する
2. 菜 cài 〔名〕料理、おかず
3. 来 lái 〔動〕ください、注文する
4. 盘 pán 〔量〕(皿に盛った料理などを数える)…皿
5. 红烧肉 hóngshāoròu 〔名〕豚の角煮
6. 只 zhī 〔量〕(動物を数える)…匹、羽
7. 清蒸 qīngzhēng 〔動〕蒸す
8. 大闸蟹 dàzháxiè 〔名〕上海蟹
9. 再 zài 〔副〕さらに
10. 份 fèn 〔量〕組や揃いになっているもの、新聞などを数える

11. 小笼包 xiǎolóngbāo 〔名〕小籠包
12. 这么 zhème 〔代〕このように、こんなに
13. 多 duō 〔形〕多い
14. 得 de 〔助〕補語を導く
15. 放心 fàngxīn 〔動〕安心する
16. 太…了 tài…le あまりにも…、…すぎる
17. 下次 xiàcì 〔名〕次回
18. 不过 búguò 〔接〕でも、ただし
19. 得 děi 〔助動〕…しなければならない
20. 减肥 jiǎnféi 〔動〕ダイエットする
21. 回去 huíqù 〔動〕帰っていく

19

ポイントの新出語句

1. 出 chū 〔動〕出る
2. 跑 pǎo 〔動〕走る
3. 上 shàng 〔動〕上がる、登る
4. 下 xià 〔動〕くだる、降りる
5. 进 jìn 〔動〕入る
6. 过 guò 〔動〕通過する、経過する、超過する
7. 回 huí 〔動〕帰る、戻る

8. 起 qǐ 〔動〕起きる
9. 单词 dāncí 〔名〕単語
10. 记住 jìzhù しっかり覚える
11. 好好儿 hǎohāor 〔副〕よく…、ちゃんと…
12. 学习 xuéxí 〔動〕学習する、学ぶ、勉強する
13. 还 huán 〔動〕返す、返却する

1 方向補語　◀)) 325

動詞の直後について、動作のおもむく方向を表します。

単純方向補語

出来 chūlái　⇔　出去 chūqù
出て来る　　　　出て行く

走来 zǒulái　⇔　走去 zǒuqù
歩いて来る　　　歩いて行く

跑上 pǎoshàng　⇔　跑下 pǎoxià
走って上がる　　走って降りる

複合方向補語 （色のついた部分が複合方向補語、白い部分が単純方向補語）

	上 shàng	下 xià	进 jìn	出 chū	过 guò	回 huí	起 qǐ
来 lái	上来	下来	进来	出来	过来	回来	起来
去 qù	上去	下去	进去	出去	过去	回去	

走出来 zǒuchūlái　⇔　走出去 zǒuchūqù
歩いて出て来る　　　歩いて出て行く

跑下来 pǎoxiàlái　⇔　跑下去 pǎoxiàqù
走って降りて来る　　走って降りて行く

2 可能補語　◀)) 326

肯定文

〈 動詞 + 得 + 結果補語 〉　〈 動詞 + 得 + 方向補語 〉 「〜できる」

我看得懂中文报纸。　Wǒ kàndedǒng Zhōngwén bàozhǐ.

三个面包我吃得完。　Sān ge miànbāo wǒ chīdewán.

这个单词我记得住。　Zhè ge dāncí wǒ jìdezhù.

否定文

〈 動詞 + 不 + 結果補語 / 方向補語 〉「～できない」

我看不懂中文报纸。　　Wǒ kànbudǒng Zhōngwén bàozhǐ.

三个面包我吃不完。　　Sān ge miànbāo wǒ chībuwán.

这个单词我记不住。　　Zhè ge dāncí wǒ jìbuzhù.

いろいろな疑問文

你看得懂中文报纸吗？　　Nǐ kàndedǒng Zhōngwén bàozhǐ ma?

这个单词你记得住吗？　　Zhè ge dāncí nǐ jìdezhù ma?

三个面包你吃得完吃不完？　　Sān ge miànbāo nǐ chīdewán chībuwán?

3　**助動詞"得"**　「～しなければならない」、「～する必要がある」　🔊 327

学生得好好儿学习。　　Xuésheng děi hǎohāor xuéxí.

我明天得去图书馆还书。　　Wǒ míngtiān děi qù túshūguǎn huán shū.

感冒了得吃药。　　Gǎnmào le děi chī yào.

否定するときは、「不用」を用います。「～しなくてもよい」、「～する必要がない」

今天不用去图书馆还书。　　Jīntiān búyòng qù túshūguǎn huán shū.

不发烧了，不用吃药。　　Bù fāshāo le, búyòng chī yào.

練習問題

1 会話本文の内容に即して答えましょう。　🔊328

① 王琳点了什么菜？ _____

② 她们点麻婆豆腐了吗？ _____

　　*麻婆豆腐 mápó dòufu：マーボー豆腐

③ 这么多菜，她们吃得完吗？ _____

④ 这家店的菜好吃吗？ _____

⑤ 她们怎么回去？ _____

2 ワードリストを活用し、（　）内に適当な言葉を入れて会話文を完成させ、さらにペアで練習しましょう。

A： 你的雨伞（　　　　　　　　）了吗？

B： （　　　　　　　　）了。/（　　　　　　　　）。

A： 老师说的话，你（　　　　　　　　）吗？

B： （　　　　　　　　）。

A： 在日本（　　　　　　　　）旗袍吗？

B： （　　　　　　　　）。

A： 这么多作业，你今天（　　　　　　　　）吗？

B： （　　　　　　　　）。

ワードリスト　🔊329

□ 带来 dàilái　持ってくる　　　　　　□ 记不住 jìbuzhù　覚えられない
□ 没带来 méi dàilái　持ってきていない　□ 买得到 mǎidedào　買える
□ 听得懂 tīngdedǒng　聞いて分かる　　□ 买不到 mǎibudào　買えない
□ 听不懂 tīngbudǒng　聞いて分からない　□ 写得完 xiědewán　書き終えることができる
□ 记得住 jìdezhù　覚えられる　　　　　□ 写不完 xiěbuwán　書き終えることができない

3 音声を聞いて単語を選び、ピンインを書きましょう。 🔊 330

A 份	B 这么	C 减肥	D 不过
E 放心	F 回去	G 盘	H 下次

① ☐ ピンイン：＿＿＿＿＿＿＿＿＿＿　　② ☐ ピンイン：＿＿＿＿＿＿＿＿＿＿

③ ☐ ピンイン：＿＿＿＿＿＿＿＿＿＿　　④ ☐ ピンイン：＿＿＿＿＿＿＿＿＿＿

⑤ ☐ ピンイン：＿＿＿＿＿＿＿＿＿＿　　⑥ ☐ ピンイン：＿＿＿＿＿＿＿＿＿＿

⑦ ☐ ピンイン：＿＿＿＿＿＿＿＿＿＿　　⑧ ☐ ピンイン：＿＿＿＿＿＿＿＿＿＿

4 音声を聞いて、問いに対する答えとして正しいものを選びましょう。 🔊 331

① 他什么时候回来？ ☐

  A 今天　　　　　B 明天　　　　　C 后天

② 老师进教室去了吗？ ☐

  A 进去了　　　　B 没进去

③ 老师说的汉语，她听得懂吗？ ☐

  A 听得懂　　　　B 听不懂

④ 她今天作业写得完吗？ ☐

  A 写得完　　　　B 写不完

⑤ 他明天得做什么？ ☐

  A 去图书馆看书　　B 去图书馆借书　　C 去图书馆还书

我唱歌唱得不好。

Wǒ chàng gē chàngde bù hǎo.

私は歌を歌うのが上手ではありません。

本課で学習すること

🍁 存現文　🍁 様態補語　🍁 "一〜就…"

会話本文

田中さんの留学生活も後半戦。今日は授業終わりに王琳ちゃんに誘われて、一緒にカラオケへ行くことに。歌うのはあんまり得意じゃないけど…中国語の歌をいっぱい知りたい！

🔊 332

王琳： 班里 来 了 两 个 新 同学，
　　　Bānli lái le liǎng ge xīn tóngxué,

　　　周末 我们 去 唱 卡拉 OK 吧。
　　　zhōumò wǒmen qù chàng Kǎlā ok ba.

田中： 我 唱 歌 唱得 不 好。
　　　Wǒ chàng gē chàngde bù hǎo.

王琳： 没 关系，我 教 你 中文 歌。
　　　Méi guānxi, wǒ jiāo nǐ Zhōngwén gē.

田中： 难 不 难？
　　　Nán bu nán?

王琳： 不 难，一 学 就 会。
　　　Bù nán, yì xué jiù huì.

田中： 中国 的 KTV 里 有 日文 歌 吗？
　　　Zhōngguó de KTVli yǒu Rìwén gē ma?

王琳： 当然 有。
　　　Dāngrán yǒu.

新出語句

1. 班 bān 名 クラス
2. 同学 tóngxué 名 同級生、クラスメート
3. 周末 zhōumò 名 週末
4. 唱 chàng 動 歌う
5. 卡拉 OK Kǎlā ok 名 カラオケ
6. 歌 gē 名 歌

7. 没关系 méi guānxi 大丈夫だ
8. 难 nán 形 難しい
9. 一〜就… yī〜jiù… 〜するとすぐに…
10. 日文 Rìwén 名 日本語
11. KTV 名 カラオケボックス
12. 当然 dāngrán 副 もちろん、形 当然だ

20

ポイントの新出語句

1. 客人 kèrén 名 客、ゲスト
2. 墙 qiáng 名 壁
3. 挂 guà 動 掛ける、掛かる
4. 幅 fú 量 (絵画を数える) 〜枚
5. 画 huà 名 絵
6. 书架 shūjià 名 本棚
7. 睡 shuì 動 寝る

8. 晚 wǎn 形 時間が遅い
9. 棒球 bàngqiú 名 野球
10. 一般 yìbān 形 一般的である
11. 日语 Rìyǔ 名 日本語
12. 明白 míngbai 動 わかる
13. 困 kùn 形 眠い

1 存現文 🔊 335

〈 場所を表す語句 ＋ 動詞・形容詞 ＋ 人 ／ モノ 〉

新しく話題にとりあげられる人やモノについて、存在や出現・消失を表します。

※通常、動詞の後ろに"着"や"了"、補語などの成分を伴います。

家里来了一个客人。　Jiāli láile yí ge kèrén.

墙上挂着一幅画。　Qiáng shàng guàzhe yì fú huà.

书架上少了两本书。　Shūjià shàng shǎole liǎng běn shū.

2 様態補語 🔊 336

様態補語によって、ある動作がどのような様態で行われたか、どの状態に達しているかを表します。

目的語が必要な場合　〈 目的語 ＋ 動詞 ＋ 得 ＋ 様態補語 〉

あるいは　〈 動詞 ＋ 目的語 ＋ 前と同じ動詞 ＋ 得 ＋ 様態補語 〉

目的語が必要ない場合　〈 動詞 ＋ 得 ＋ 様態補語 〉

肯定文

他棒球打得一般。　Tā bàngqiú dǎde yìbān.

她说日语说得非常好。　Tā shuō Rìyǔ shuōde fēicháng hǎo.

他昨天睡得很晚。　Tā zuótiān shuìde hěn wǎn.

否定文

他棒球打得不好。　　Tā bàngqiú dǎde bù hǎo.

她说日语说得不太好。　Tā shuō Rìyǔ shuōde bútài hǎo.

他昨天睡得不晚。　　Tā zuótiān shuìde bù wǎn.

いろいろな疑問文

他棒球打得怎么样？　Tā bàngqiú dǎde zěnmeyàng?

她日语说得好不好？　Tā Rìyǔ shuōde hǎo bu hǎo?

他昨天睡得很晚吗？　Tā zuótiān shuìde hěn wǎn ma?

3　"一～就…"「～するとすぐ…」　🔊 337

他一学就明白。　Tā yì xué jiù míngbai.

我一喝酒就困。　Wǒ yì hē jiǔ jiù kùn.

練習問題

1 会話本文の内容に即して答えましょう。 🔊 338

① 班里来了几个新同学？　_____

② 她们周末去干什么？　_____

③ 田中唱歌唱得怎么样？　_____

④ 中文歌难不难？　_____

⑤ 中国的 KTV 里有日文歌吗？　_____

2 ワードリストを活用し、（　）内に適当な言葉を入れて会話文を完成させ、さらにペアで練習しましょう。

A：班里来了两个新同学，我们一起去（　　　　　　　）吧。

B：我（　　　　　　　）不好。（※様態補語を使う）

A：没关系，我教你（　　　　　　　）。

B：难不难？

A：不难，一学就会。

ワードリスト 🔊 339

☐ 钓鱼 diàoyú　釣りをする
☐ 下棋 xiàqí　将棋・囲碁をする
☐ 打保龄球 dǎ bǎolíngqiú　ボーリングをする
☐ 打篮球 dǎ lánqiú　バスケットボールをする
☐ 打排球 dǎ páiqiú　バレーボールをする
☐ 踢足球 tī zúqiú　サッカーをする
☐ 弹钢琴 tán gāngqín　ピアノを弾く
☐ 弹吉他 tán jítā　ギターを弾く
☐ 说汉语 shuō Hànyǔ　中国語を話す
☐ 说英语 shuō Yīngyǔ　英語を話す

3 音声を聞いて単語を選び、ピンインを書きましょう。　🔊 340

A 唱	B 难	C 当然	D 周末
E 没关系	F 歌	G 日文	H 同学

① ☐ ピンイン：＿＿＿＿＿＿＿＿＿＿＿　② ☐ ピンイン：＿＿＿＿＿＿＿＿＿＿＿

③ ☐ ピンイン：＿＿＿＿＿＿＿＿＿＿＿　④ ☐ ピンイン：＿＿＿＿＿＿＿＿＿＿＿

⑤ ☐ ピンイン：＿＿＿＿＿＿＿＿＿＿＿　⑥ ☐ ピンイン：＿＿＿＿＿＿＿＿＿＿＿

⑦ ☐ ピンイン：＿＿＿＿＿＿＿＿＿＿＿　⑧ ☐ ピンイン：＿＿＿＿＿＿＿＿＿＿＿

4 音声を聞いて、問いに対する答えとして正しいものを選びましょう。　🔊 341

① 杰克是哪国留学生？　*杰克 Jiékè：ジャック（人の名前）　☐

　　　A 英国留学生
　　　B 日本留学生
　　　C 美国留学生

② 杰克会说日语吗？　☐

　　　A 会　　　　B 不会

③ 杰克日语说得怎么样？　☐

　　　A 不好　　　B 不太好　　　C 很好

④ 李明会说英语吗？　☐

　　　A 不会　　　B 会一点儿　　　C 会很多

⑤ 她的英语怎么样？　☐

　　　A 不好　　　B 一般　　　C 很好

你来过这里吗?

Nǐ láiguo zhèlǐ ma?

あなたはここに来たことがありますか。

本課で学習すること

🍁 主述述語文　🍁 経験を表す"过"　🍁 動作の回数や数量の表し方

会話本文

王琳ちゃんと一緒にバンドへ。夜景がとても綺麗！上海はやっぱり国際的な大都市だね！短期留学はあっという間だった！もうすぐ王琳ちゃんともお別れ…

🔊 342

田中：
王 琳，外滩 夜景 真 美！东方明珠 有 多高？
Wáng Lín, Wàitān yèjǐng zhēn měi! Dōngfāng míngzhū yǒu duōgāo?

王琳：
四百六十八 米。
Sìbǎiliùshíbā mǐ.

田中：
你 来过 这里 吗？
Nǐ láiguo zhèlǐ ma?

王琳：
来过 两 次。我们 一起 合影 吧！
Láiguo liǎng cì. Wǒmen yìqǐ héyǐng ba!

田中：
好 啊。这 段 时间 谢谢 你，我 非常 开心！
Hǎo a. Zhè duàn shíjiān xièxie nǐ, wǒ fēicháng kāixīn!

王琳：
我 也 很 开心。有 空儿 常 联系，一 路 平安！
Wǒ yě hěn kāixīn. Yǒu kòngr cháng liánxì, yí lù píng'ān!

新出語句

1. 外滩 Wàitān 名 バンド（上海市中心部にある）
2. 夜景 yèjǐng 名 夜景
3. 美 měi 形 美しい
4. 东方明珠 Dōngfāng míngzhū
   名 東方明珠タワー
5. 多高 duōgāo 疑 どのくらいの高さ
6. 米 mǐ 量 メートル
7. 过 guo 助 …したことがある
8. 次 cì 量 動作行為の回数を数える
9. 合影 héyǐng 動 何人かで一緒に写真を撮る
10. 段 duàn 量 長いもの（時間、文章など）の区切りを数える
11. 时间 shíjiān 名 時間
12. 开心 kāixīn 形 嬉しい
13. 空儿 kòngr 名 暇、空き時間
14. 常 cháng 副 よく、いつも、しばしば
15. 联系 liánxì 動 連絡する
16. 一路平安 yí lù píng'ān
    道中ご無事でありますように

21

ポイントの新出語句

1. 人口 rénkǒu 名 人口
2. 北京烤鸭 Běijīng kǎoyā 名 北京ダック
3. 洗手间 xǐshǒujiān 名 トイレ、手洗い
4. 每天 měitiān 名 毎日
5. 顿 dùn 量 食事や叱責などの回数を数える
6. 遇见 yùjiàn 動 出会う、遭遇する
7. 找 zhǎo 動 訪ねる、探す
8. 天 tiān 量 （日数を数える）～日

1 主述述語文 「〜は…が…だ」(「象は鼻が長い」式の文) 🔊 345

$$\left\langle 主語1 + \frac{述語1}{(主語2 + 述語2)} \right\rangle$$

今天天气很好。　　　Jīntiān tiānqì hěn hǎo.

中国人口很多。　　　Zhōngguó rénkǒu hěn duō.

他工作很忙。　　　　Tā gōngzuò hěn máng.

2 経験を表す"过" 🔊 346

肯定文　〈動詞 + 过〉「〜したことがある」

老师教过这个单词。　Lǎoshī jiāoguo zhè ge dāncí.

他去过中国。　　　　Tā qùguo Zhōngguó.

我吃过北京烤鸭。　　Wǒ chīguo Běijīng kǎoyā.

否定文　〈没(有) + 動詞 + 过〉　　「〜したことがない」

〈还没(有) + 動詞 + 过〉「まだ〜したことがない」

老师没(有)教过这个单词。　Lǎoshī méi (yǒu) jiāoguo zhè ge dāncí.

他没(有)去过中国。　　　　Tā méi (yǒu) qùguo Zhōngguó.

我还没(有)吃过北京烤鸭。　Wǒ hái méi (yǒu) chīguo Běijīng kǎoyā.

いろいろな疑問文

他去过中国吗？　　　Tā qùguo Zhōngguó ma?

他去没去过中国？　　Tā qù méi qùguo Zhōngguó?

他去过中国没有？　　Tā qùguo Zhōngguó méiyǒu?

他去过哪儿？　　　　Tā qùguo nǎr?

〈動詞 + 回数 / 数量（＋目的語）〉

请等一下，我去洗手间。　Qǐng děng yíxià, wǒ qù xǐshǒujiān.

我每天吃三顿饭。　Wǒ měitiān chī sān dùn fàn.

你每天吃几次药？　Nǐ měitiān chī jǐ cì yào?

〈動詞 + 了 / 过 + 回数 / 数量（＋目的語）〉

昨天晚上我看了两本杂志。　Zuótiān wǎnshang wǒ kànle liǎng běn zázhì.

我去过一次中国。　Wǒ qùguo yí cì Zhōngguó.

她学过一年汉语。　Tā xuéguo yì nián Hànyǔ.

目的語が人や場所などの場合、目的語を回数の前に置くこともあります。

〈動詞 + 了 / 过 + 目的語 + 回数〉

我遇见了王老师两次。　Wǒ yùjiànle Wáng lǎoshī liǎng cì.

他来过我家一次。　Tā láiguo wǒ jiā yí cì.

我找了她一天。　Wǒ zhǎole tā yì tiān.

21

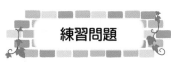
1 会話本文の内容に即して答えましょう。　🔊 348

① 外滩夜景怎么样？ _____

② 东方明珠有多高？ _____

③ 王琳来过外滩吗？ _____

④ 王琳来过几次外滩？ _____

⑤ 她们一起合影了吗？ _____

2 ワードリストを活用し、（　）内に適当な言葉を入れて会話文を完成させ、さらにペアで練習しましょう。

A： 你去过（　　　　　　　）吗？

B： （　　　　　　　）。

A： 你去过几次（　　　　　　　）？

B： （　　　　　　　）。

A： 你最想去日本的哪儿？

B： 我最想去（　　　　　　　）。

A： 你最想去中国的哪儿？

B： 我最想去（　　　　　　　）。

ワードリスト　🔊 349

☐ 富士山 Fùshìshān　富士山
☐ 东京塔 Dōngjīngtǎ　東京タワー
☐ 东京晴空塔 Dōngjīng qíngkōngtǎ
　　東京スカイツリー
☐ 迪士尼乐园 Díshìní lèyuán
　　ディズニーランド
☐ 清水寺 Qīngshuǐsì　清水寺
☐ 金阁寺 Jīngésì　金閣寺

☐ 日本环球影城 Rìběn huánqiú yǐngchéng
　　ユニバーサル・スタジオ・ジャパン
☐ 大阪城 Dàbǎnchéng　大阪城
☐ 长城 Chángchéng　万里の長城
☐ 故宫 Gùgōng　故宫
☐ 兵马俑 Bīngmǎyǒng　兵马俑
☐ 九寨沟 Jiǔzhàigōu　九寨溝
☐ 黄山 Huángshān　黄山

3 音声を聞いて単語を選び、ピンインを書きましょう。 🔊 350

A 合影	B 开心	C 空儿	D 夜景
E 时间	F 联系	G 多高	H 非常

① ☐ ピンイン：＿＿＿＿＿＿＿＿　② ☐ ピンイン：＿＿＿＿＿＿＿＿

③ ☐ ピンイン：＿＿＿＿＿＿＿＿　④ ☐ ピンイン：＿＿＿＿＿＿＿＿

⑤ ☐ ピンイン：＿＿＿＿＿＿＿＿　⑥ ☐ ピンイン：＿＿＿＿＿＿＿＿

⑦ ☐ ピンイン：＿＿＿＿＿＿＿＿　⑧ ☐ ピンイン：＿＿＿＿＿＿＿＿

4 音声を聞いて、問いに対する答えを書きましょう。 🔊 351

① 她去过故宫吗？

＿＿＿＿＿＿＿＿＿＿＿＿＿＿＿＿＿＿＿＿＿＿＿＿＿＿＿＿＿＿＿＿＿

② 她去过几次故宫？

＿＿＿＿＿＿＿＿＿＿＿＿＿＿＿＿＿＿＿＿＿＿＿＿＿＿＿＿＿＿＿＿＿

③ 她去过长城吗？

＿＿＿＿＿＿＿＿＿＿＿＿＿＿＿＿＿＿＿＿＿＿＿＿＿＿＿＿＿＿＿＿＿

④ 他们什么时候去爬长城？

＿＿＿＿＿＿＿＿＿＿＿＿＿＿＿＿＿＿＿＿＿＿＿＿＿＿＿＿＿＿＿＿＿

⑤ 她还想吃什么？

＿＿＿＿＿＿＿＿＿＿＿＿＿＿＿＿＿＿＿＿＿＿＿＿＿＿＿＿＿＿＿＿＿

第22课

她让我有空儿常联系。

Tā ràng wǒ yǒu kòngr cháng liánxì.

彼女は私に暇があればよく連絡するように言った。

本課で学習すること

🍁 "除了～（以外）"　🍁 使役動詞 "让"　🍁 因果表現 "因为～所以"

会話本文

日本に帰ってきた田中さん。上海での短期留学は本当に楽しくて、中国語にも自信がついてきた！今日は久しぶりに李くんと会うから、いろいろおしゃべりしたいな。

🔊 352

李明：彩香，好久 不见！暑假 在 上海 过得 怎么样？
Cǎixiāng, hǎojiǔ bújiàn! Shǔjià zài Shànghǎi guòde zěnmcyàng?

田中：好久 不见！暑假 我 过得 很 开心，除了 学习 汉语 以外，
Hǎojiǔ bújiàn! Shǔjià wǒ guòde hěn kāixīn, chúle xuéxí Hànyǔ yǐwài,

还 参观了 很 多 有名 的 景点。
hái cānguānle hěn duō yǒumíng de jǐngdiǎn.

李明：真 好！你 一定 交了 很 多 中国 朋友 吧？
Zhēn hǎo! Nǐ yídìng jiāole hěn duō Zhōngguó péngyou ba?

田中：是 的，最 好 的 朋友 是 我 的 室友，她 叫 王 琳。
Shì de, zuì hǎo de péngyou shì wǒ de shìyǒu, tā jiào Wáng Lín.

她 让 我 回 日本 后 有 空儿 常 联系。
Tā ràng wǒ huí Rìběn hòu yǒu kòngr cháng liánxì.

你 暑假 过得 怎么样？
Nǐ shǔjià guòde zěnmeyàng?

李明：我 去 京都 旅游 了。
Wǒ qù Jīngdū lǚyóu le.

因为 刚好 是 盂兰盆节，所以 游客 特别 多。
Yīnwèi gānghǎo shì Yúlánpénjié, suǒyǐ yóukè tèbié duō.

田中：下次 咱们 一起 去 中国 玩儿 吧！
Xiàcì zánmen yìqǐ qù Zhōngguó wánr ba!

🔊 353

新出語句

1. 好久不见 hǎojiǔ bújiàn　久しぶり
2. 除了～（以外）chúle～(yǐwài)
   …を除いて、…のほかに
3. 参观 cānguān　動 見学する、参観する
4. 有名 yǒumíng　形 有名である
5. 景点 jǐngdiǎn　名 観光スポット、名所
6. 一定 yídìng　副 きっと
7. 交 jiāo　動 （友達を）作る、交際する
8. 最 zuì　副 最も…

9. 让 ràng　前 ～に…させる
10. 后 hòu　名 あと
11. 因为～所以 yīnwèi～suǒyǐ
    接 ～なので、（だから）…だ
12. 刚好 gānghǎo　副 ちょうど
13. 盂兰盆节 Yúlánpénjié　名 お盆
14. 游客 yóukè　名 観光客
15. 玩儿 wánr　動 遊ぶ

22

🔊 354

ポイントの新出語句

1. 校长 xiàozhǎng　名 校長
2. 念 niàn　動 音読する
3. 课文 kèwén　名 教科書の本文
4. 停车 tíng chē　動 停車する、駐車する
5. 游戏 yóuxì　名 ゲーム
6. 比赛 bǐsài　名 試合
7. 台风 táifēng　名 台風
8. 批评 pīpíng　動 しかる、叱責する

259

1 "除了～（以外）" 「～を除いて、～のほかに」 🔊 355

除了英语以外，她还会汉语。
Chúle Yīngyǔ yǐwài, tā hái huì Hànyǔ.

除了星期天，我每天都要打工。
Chúle xīngqītiān, wǒ měitiān dōu yào dǎgōng.

2 使役動詞"让" 「Aに～させる」 🔊 356

〈让＋A＋動詞〉

この場合Aは"让"の目的語であり、後の動詞の主語でもあります。"让"のほかに、"叫 jiào"もよく使われます。

肯定文

妈妈让我去超市买东西。　　　　Māma ràng wǒ qù chāoshì mǎi dōngxi.

请让我介绍一下，他是校长。　　Qǐng ràng wǒ jièshào yíxià, tā shì xiàozhǎng.

老师叫学生念课文。　　　　　　Lǎoshī jiào xuésheng niàn kèwén.

否定文

飞机上不让用手机。　　　　　　Fēijī shàng bú ràng yòng shǒujī.

这里不让停车。　　　　　　　　Zhèlǐ bú ràng tíng chē.

爸爸不让我玩儿游戏。　　　　　Bàba bú ràng wǒ wánr yóuxì.

いろいろな疑問文

你妈妈让你去中国留学吗？　　　Nǐ māma ràng nǐ qù Zhōngguó liúxué ma?

爸爸让不让你玩儿游戏？　　　　Bàba ràng bu ràng nǐ wánr yóuxì?

老师让谁参加比赛？　　　　　　Lǎoshī ràng shéi cānjiā bǐsài?

2 | 因果表現 "因为〜所以…" 「〜なので、（だから）…だ」 🔊 357

どちらかひとつだけ使う場合もあり、併用することもあります。

また、原因・理由を先に述べる場合もあり、後から述べる場合もあります。

因为今天台风来了，所以学校不上课。
Yīnwèi jīntiān táifēng lái le, suǒyǐ xuéxiào bú shàngkè.

我发烧了，所以今天不能去上课了。
Wǒ fāshāo le, suǒyǐ jīntiān bùnéng qù shàngkè le.

因为弟弟没写作业，老师批评他了。
Yīnwèi dìdi méi xiě zuòyè, lǎoshī pīpíng tā le.

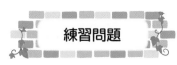

練習問題

1 会話本文の内容に即して答えましょう。 🔊 358

① 田中在上海过得怎么样？ _____

② 她除了学习汉语以外，还干什么了？ _____

③ 王琳让田中回日本后干什么？ _____

④ 李明暑假过得怎么样？ _____

⑤ 盂兰盆节，京都游客多吗？ _____

2 ワードリストを活用し、（　）内に適当な言葉を入れて会話文を完成させ、さらにペアで練習しましょう。

A： 你每天除了学习，还干什么？

B： 我每天除了学习，还（　　　　　　　）。

A： 你除了学习汉语，还学习什么外语？

B： 我除了学习汉语，还学习（　　　　　　　）。

A： 妈妈让你（　　　　　　　）吗？

B： 妈妈（　　　　　　　）。

ワードリスト 🔊 359

- □ **参加社团活动** cānjiā shètuán huódòng
  部活動に参加する
- □ **参加志愿者活动** cānjiā zhìyuànzhě huódòng
  ボランティア活動に参加する
- □ **玩儿游戏** wánr yóuxì　ゲームをする
- □ **看油管** kàn yóuguǎn　ユーチューブを見る
- □ **外语** wàiyǔ　外国語
- □ **英语** Yīngyǔ　英語
- □ **韩语** Hányǔ　韓国語
- □ **法语** Fǎyǔ　フランス語
- □ **德语** Déyǔ　ドイツ語
- □ **俄语** Éyǔ　ロシア語
- □ **越南语** Yuènányǔ　ベトナム語
- □ **做家务** zuò jiāwù　家事をする
- □ **收拾房间** shōushi fángjiān
  部屋を片付ける
- □ **去海外留学** qù hǎiwài liúxué
  海外留学に行く

3 音声を聞いて単語を選び、ピンインを書きましょう。　　🔊 360

| A 参观 | B 一定 | C 好久不见 | D 游客 | E 学习 |
| F 景点 | G 有名 | H 怎么样 | I 玩儿 | J 刚好 |

① ☐　ピンイン：＿＿＿＿＿＿＿　　② ☐　ピンイン：＿＿＿＿＿＿＿

③ ☐　ピンイン：＿＿＿＿＿＿＿　　④ ☐　ピンイン：＿＿＿＿＿＿＿

⑤ ☐　ピンイン：＿＿＿＿＿＿＿　　⑥ ☐　ピンイン：＿＿＿＿＿＿＿

⑦ ☐　ピンイン：＿＿＿＿＿＿＿　　⑧ ☐　ピンイン：＿＿＿＿＿＿＿

⑨ ☐　ピンイン：＿＿＿＿＿＿＿　　⑩ ☐　ピンイン：＿＿＿＿＿＿＿

4 音声を聞いて、問いに対する答えとして正しいものを選びましょう。　　🔊 361

① 她星期几要去打工？　　☐

    A 星期一　　　　B 星期四　　　　C 星期六

② 她为什么学汉语？　　☐

    A 因为想去中国留学。

    B 因为想去中国旅游。

    C 因为想去中国见朋友。

③ 他为什么今天不能开车？　　☐

    A 感冒了　　　　B 发烧了　　　　C 喝酒了

④ 周末妈妈让她干什么？　　☐

    A 收拾房间　　　B 写作业　　　　C 买东西

⑤ 爸爸让他玩儿游戏吗？　　☐

    A 早上不让　　　B 晚上让　　　　C 晚上不让

我提前把票买好。
Wǒ tíqián bǎ piào mǎihǎo.

早めに切符を買っておきます。

本課で学習すること

🍃 "不是～就是…"　🍃 "是～的" 構文　🍃 "把" 構文

会話本文

田中さんは李くんに週末の予定を聞かれ、一緒に中国映画を見に行くことに。最近、チャン・ツィイーが出演する映画が上映されているみたい。すごく楽しみだね！

🔊 362

李明：
彩香， 你 下课 后 干 什么？
Cǎixiāng, nǐ xiàkè hòu gàn shénme?

田中：
我 每天 下课 后 不是 去 图书馆 写 作业 就是 去 打工，
Wǒ měitiān xiàkè hòu búshì qù túshūguǎn xiě zuòyè jiùshì qù dǎgōng,

特别 忙。
tèbié máng.

李明：
那 你 周末 有 时间 吗？
Nà nǐ zhōumò yǒu shíjiān ma?

最近 正在 上映 一 个 中国 电影， 咱们 去 看 吧？
Zuìjìn zhèng zài shàngyìng yí ge Zhōngguó diànyǐng, zánmen qù kàn ba?

田中：
中国 电影？ 是 谁 演 的？
Zhōngguó diànyǐng? Shì shéi yǎn de?

李明：
是 章 子 怡 演 的， 你 想 看 吗？ 我 提前 把 票 买好。
Shì Zhāng Zǐyí yǎn de, nǐ xiǎng kàn ma? Wǒ tíqián bǎ piào mǎihǎo.

田中：
太 好 了， 我 很 想 看， 谢谢！
Tài hǎo le, wǒ hěn xiǎng kàn, xièxie!

◀)) 363

新出語句

1. 下课 xiàkè　動 授業が終わる
2. 不是～就是… búshì～jiùshì
　　接 ～でなければ…である
3. 最近 zuìjìn　名 最近
4. 上映 shàngyìng　動 上映する
5. 电影 diànyǐng　名 映画

6. 演 yǎn　動 演じる
7. 章子怡 Zhāng Zǐyí　名 チャン・ツィイー
8. 提前 tíqián　動（予定の時間や時期を）繰り上げる、事前に…する
9. 把 bǎ　前 動作の対象を導く
10. 买好 mǎihǎo　買っておく

◀)) 364

ポイントの新出語句

1. 上网 shàngwǎng　インターネットをする
2. 前年 qiánnián　名 一昨年
3. 大连 Dàlián　名 大連
4. 北海道 Běihǎidào　名 北海道

5. 船 chuán　名 船
6. 门 mén　名 ドア
7. 打开 dǎkāi　動 開ける
8. 电视 diànshì　名 テレビ

1 "不是～就是…"「～でなければ…だ」（選択関係を表す） ◀))365

他每天不是上网，就是玩儿游戏。
Tā měitiān búshì shàngwǎng, jiùshì wánr yóuxì.

我这几天不是上课，就是打工。
Wǒ zhè jǐ tiān búshì shàngkè, jiùshì dǎgōng.

2 "是～的"構文 ◀))366

すでに起こった出来事に対し、その時間、場所、手段などを説明したり、たずねたりする場合に使います。否定文以外、"是"が省略される場合があります。
目的語が場所の場合、"的"は目的語の前に来ることもあります。

肯定文

我（是）前年来大连的。	Wǒ (shì) qiánnián lái Dàlián de.
我（是）从北海道来的。	Wǒ (shì) cóng Běihǎidào lái de.
我（是）坐船来的。	Wǒ (shì) zuò chuán lái de.
我（是）在大学学的英语。	Wǒ (shì) zài dàxué xué de Yīngyǔ.

否定文

我不是前年来大连的。	Wǒ bú shì qiánnián lái Dàlián de.
我不是从北海道来的。	Wǒ bú shì cóng Běihǎidào lái de.
我不是坐船来的。	Wǒ bú shì zuò chuán lái de.
我不是在大学学的英语。	Wǒ bú shì zài dàxué xué de Yīngyǔ.

いろいろな疑問文

你（是）前年来大连的吗？	Nǐ (shì) qiánnián lái Dàlián de ma?
你是不是从福冈来的？	Nǐ shì bu shì cóng Fúgāng lái de?
你（是）怎么来的？	Nǐ (shì) zěnme lái de?
你（是）在哪儿学的英语？	Nǐ (shì) zài nǎr xué de Yīngyǔ?

3 "把"構文 ◀)) 367

"把"を用い、目的語（特定のもの）を動詞の前に引き出し、目的語に対して何らかの処置を施すことを強調します。"処置文"とも呼ばれています。

肯定文 〈把＋A＋動詞＋（その他の成分）〉 「Aを～する」

「A」：動作の対象
「その他の成分」："了"や動詞の重ね型、補語など

请把房间打扫打扫。	Qǐng bǎ fángjiān dǎsǎodasao.
我把作业写完了。	Wǒ bǎ zuòyè xiěwán le.
他把门打开了。	Tā bǎ mén dǎkāi le.

否定文 〈不／没＋把＋A＋動詞＋（その他の成分）〉

你不把作业写完就不能看电视。	Nǐ bù bǎ zuòyè xiěwán jiù bù néng kàn diànshì.
你没把房间打扫干净。	Nǐ méi bǎ fángjiān dǎsǎo gānjìng.
他没把门打开。	Tā méi bǎ mén dǎkāi.

いろいろな疑問文

你把房间打扫干净了吗？	Nǐ bǎ fángjiān dǎsǎo gānjìng le ma?
你把作业写完了没有？	Nǐ bǎ zuòyè xiěwán le méiyǒu?
谁把门打开了？	Shéi bǎ mén dǎkāi le?
你怎么没把书给他？	Nǐ zěnme méi bǎ shū gěi tā?

23

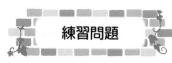

練習問題

1 会話本文の内容に即して答えましょう。 🔊 368

① 田中下课后干什么？ _____

② 田中忙吗？ _____

③ 最近正在上映什么电影？ _____

④ 这个电影是谁演的？ _____

⑤ 田中想看这个电影吗？ _____

2 ワードリストを活用し、（　）内に適当な言葉を入れて会話文を完成させ、さらにペアで練習しましょう。

A： 你每天晚上干什么？

B： 我每天晚上不是（　　　　　　　）就是（　　　　　　　）。

A： 你今天是怎么来学校的？

B： 我是（　　　　　　　）来学校的。

A： 你是几月出生的？

B： 我是（　　　　　　　）出生的。

ワードリスト 🔊 369

☐ 预习功课 yùxí gōngkè　授業の予習をする
☐ 复习功课 fùxí gōngkè　授業の復習をする
☐ 看视频 kàn shìpín　動画を見る
☐ 写日记 xiě rìjì　日記を書く
☐ 锻炼身体 duànliàn shēntǐ　体を鍛える
☐ 和朋友聊天 hé péngyou liáotiān
　　友達とおしゃべりをする

☐ 坐电车 zuò diànchē　電車に乗る
☐ 坐地铁 zuò dìtiě　地下鉄に乗る
☐ 坐公交车 zuò gōngjiāochē　バスに乗る
☐ 骑自行车 qí zìxíngchē　自転車に乗る
☐ 出生 chūshēng　生まれる

3 音声を聞いて単語を選び、ピンインを書きましょう。 🔊 370

A 忙	B 提前	C 最近	D 下课
E 打工	F 电影	G 买好	H 票

① ☐ ピンイン：_____ ② ☐ ピンイン：_____

③ ☐ ピンイン：_____ ④ ☐ ピンイン：_____

⑤ ☐ ピンイン：_____ ⑥ ☐ ピンイン：_____

⑦ ☐ ピンイン：_____ ⑧ ☐ ピンイン：_____

4 音声を聞いて、問いに対する答えを書きましょう。 🔊 371

① 放假的时候，她干什么？

_____

② 去年暑假她去哪儿旅游了？

_____

③ 她是和谁一起去的？

_____

④ 她们是怎么去的？

_____

⑤ 中文小说是在中国买的吗？　*小说 xiǎoshuō：小说

_____

第 24 课

有时间的话，你明年也来中国玩儿吧！

Yǒu shíjiān dehuà, nǐ míngnián yě lái Zhōngguó wánr ba!

時間があれば、来年も中国に遊びに来てください。

本課で学習すること

🍁 逆接表現 "虽然～，但（是）…"　🍁 仮定表現 "如果～的话…"　🍁 受け身文

会話本文

もうすぐ春休み。久しぶりに王琳ちゃんに電話をかけてみた！今度、故郷の西安を案内してくれるって。次は彼氏と一緒に遊びに行きたいな。今年は本当に充実した一年だったね！

🔊 372

田中： 喂，是王琳吗？我是彩香。
Wéi, shì Wáng Lín ma? Wǒ shì Cǎixiāng.

王琳： 彩香你好，接到你的电话真高兴！
Cǎixiāng nǐ hǎo, jiēdào nǐ de diànhuà zhēn gāoxìng!

你最近好吗？
Nǐ zuìjìn hǎo ma?

田中： 我最近特别忙。
Wǒ zuìjìn tèbié máng.

虽然忙，但是每天都过得很充实。
Suīrán máng, dànshì měitiān dōu guòde hěn chōngshí.

王琳： 有时间的话，你明年也来中国玩儿吧！
Yǒu shíjiān dehuà, nǐ míngnián yě lái Zhōngguó wánr ba!

下次我带你去我的老家西安。
Xiàcì wǒ dài nǐ qù wǒ de lǎojiā Xī'ān.

田中： 太好了，下次我带我男朋友一起去！
Tài hǎo le, xiàcì wǒ dài wǒ nánpéngyou yìqǐ qù!

王琳： 你有男朋友啊？
Nǐ yǒu nánpéngyou a?

同学们都说你没有男朋友，我被骗了。
Tóngxuémen dōu shuō nǐ méiyǒu nánpéngyou, wǒ bèi piàn le.

新出語句

1. 接到 jiēdào 動 受け取る
2. 虽然～但（是）… suīrán～dàn（shì）…
   接 …だが、しかし…
3. 充实 chōngshí 形 充実している
4. 如果～的话 rúguǒ～dehuà
   接 もし～ならば…
5. 老家 lǎojiā 名 実家
6. 西安 Xī'ān 名 西安
7. 男朋友 nánpéngyou 名 ボーイフレンド
8. 被 bèi 前 受動を表す
9. 骗 piàn 動 騙す

24

🔊 374

ポイントの新出語句

1. 累 lèi 形 疲れている
2. 意义 yìyì 名 意義
3. 爷爷 yéye 名 父方の祖父
4. 健康 jiànkāng 形 健康的である
5. 质量 zhìliàng 名 品質
6. 使用 shǐyòng 動 使う、使用する
7. 支付 zhīfù 動 支払う
8. 打九折 dǎ jiǔzhé 一割引にする、10%オフ
9. 经常 jīngcháng 副 いつも…、しょっちゅう…
10. 叫 jiào 前 （受動を表す）…に…される
11. 警察 jǐngchá 名 警察
12. 抓 zhuā 動 捕まえる
13. 淋 lín 動 （水などが）かかる、濡れる
14. 湿 shī 形 湿っている、濡れている
15. 从来 cónglái 副 これまで…、今まで…

1 逆接表現"虽然～，但(是)…" 「～だが、しかし…」 🔊375

"虽然"を省略することができます。

我的工作（虽然）很累，但（是）很有意义。
Wǒ de gōngzuò (suīrán) hěn lèi, dàn (shì) hěn yǒu yìyì.

（虽然）爷爷已经八十岁了，但（是）他身体很健康。
(Suīrán) yéye yǐjīng bāshí suì le, dàn (shì) tā shēntǐ hěn jiànkāng.

这件衣服（虽然）很便宜，但（是）质量很好。
Zhè jiàn yīfu (suīrán) hěn piányi, dàn (shì) zhìliàng hěn hǎo.

2 仮定表現"如果～的话…" 「もし～ならば…」 🔊376

"如果"か"的话"、どちらか一方を省略できます。

如果使用微信支付的话，可以打九折。
Rúguǒ shǐyòng Wēixìn zhīfù dehuà, kěyǐ dǎ jiǔzhé.

如果明天下雨的话，我们在家看电影吧！
Rúguǒ míngtiān xià yǔ dehuà, wǒmen zài jiā kàn diànyǐng ba!

3 受け身文 「Aに～される」 🔊377

肯定文　　〈被／让／叫（＋A）＋動詞〉

我经常被老师批评。　　　　Wǒ jīngcháng bèi lǎoshī pīpíng.

我的自行车被她骑走了。　　Wǒ de zìxíngchē bèi tā qízǒu le.

他叫警察抓走了。　　　　　Tā jiào jǐngchá zhuāzǒu le.

衣服让雨淋湿了。　　　　　Yīfu ràng yǔ línshī le.

否定文　　〈不／没＋被／让／叫（＋A）＋動詞〉

我从来不被老师批评。　　　Wǒ cónglái bú bèi lǎoshī pīpíng.

我的自行车没被她骑走。　　Wǒ de zìxíngchē méi bèi tā qízǒu.

他没叫警察抓走。　　　　　Tā méi jiào jǐngchá zhuāzǒu.

衣服没让雨淋湿。　　　　　Yīfu méi ràng yǔ línshī.

いろいろな疑問文

※反復疑問文の場合、"被／让／叫"の前に"是不是"を用います。

你经常被老师批评吗？　　　Nǐ jīngcháng bèi lǎoshī pīpíng ma?

我的自行车被谁骑走了？　　Wǒ de zìxíngchē bèi shéi qízǒu le?

他是不是叫警察抓走了？　　Tā shì bu shì jiào jǐngchá zhuāzǒu le?

衣服是不是让雨淋湿了？　　Yīfu shì bu shì ràng yǔ línshī le?

練習問題

1 会話本文の内容に即して答えましょう。　　　　🔊378

① 田中和王琳在干什么?　　　_____

② 田中最近忙不忙?　　　_____

③ 王琳的老家在哪儿?　　　_____

④ 田中下次带谁一起去中国?　　　_____

⑤ 田中有男朋友吗?　　　_____

2 ワードリストを活用し、（　）内に適当な言葉を入れて会話文を完成させ、さらにペアで練習しましょう。

Ⓐ : 你怎么不高兴?

Ⓑ : 我今天被（　　　　　　）批评了。

Ⓐ : 为什么?

Ⓑ : 虽然（　　　　　　　）, 但是（　　　　　　　）。

Ⓐ : 没关系, 下次努力吧!

　　如果你（　　　　　　）的话, 我想（　　　　　　　）。

Ⓑ : 好的, 谢谢你鼓励我。

ワードリスト　🔊379

□ 老师 lǎoshī　先生
□ 妈妈 māma　母
□ 我努力复习了 wǒ nǔlì fùxíle
　　私は復習を頑張った
□ 我努力练习了 wǒ nǔlì liànxíle
　　私は練習を頑張った
□ 考试考得不好 kǎoshì kǎode bùhǎo
　　試験がうまくできない

□ 弹钢琴弹得不好 tán gāngqín tánde bùhǎo
　　ピアノがうまく弾けない
□ 有空儿 yǒu kòngr　暇がある
□ 方便 fāngbiàn　都合がいい
□ 请你吃饭 qǐng nǐ chīfàn　食事をおごる
□ 约你看电影 yuē nǐ kàn diànyǐng
　　あなたを映画に誘う
□ 鼓励 gǔlì　励ます

3 音声を聞いて単語を選び、ピンインを書きましょう。　🔊 380

> A 带　　　　B 健康　　　C 男朋友　　　D 充实
> E 经常　　　F 老家　　　G 骗　　　　　H 接到

① ☐ ピンイン：＿＿＿＿＿＿＿＿　② ☐ ピンイン：＿＿＿＿＿＿＿＿

③ ☐ ピンイン：＿＿＿＿＿＿＿＿　④ ☐ ピンイン：＿＿＿＿＿＿＿＿

⑤ ☐ ピンイン：＿＿＿＿＿＿＿＿　⑥ ☐ ピンイン：＿＿＿＿＿＿＿＿

⑦ ☐ ピンイン：＿＿＿＿＿＿＿＿　⑧ ☐ ピンイン：＿＿＿＿＿＿＿＿

4 音声を聞いて、問いに対する答えを書きましょう。　🔊 381

① 如果有时间的话，他们一起去干什么？

＿＿＿＿＿＿＿＿＿＿＿＿＿＿＿＿＿＿＿＿＿＿＿＿＿＿＿＿＿＿＿＿

② 他们打算去看什么电影？

＿＿＿＿＿＿＿＿＿＿＿＿＿＿＿＿＿＿＿＿＿＿＿＿＿＿＿＿＿＿＿＿

③ 她的英语怎么样？

＿＿＿＿＿＿＿＿＿＿＿＿＿＿＿＿＿＿＿＿＿＿＿＿＿＿＿＿＿＿＿＿

④ 电影院旁边有一家什么餐厅？

＿＿＿＿＿＿＿＿＿＿＿＿＿＿＿＿＿＿＿＿＿＿＿＿＿＿＿＿＿＿＿＿

⑤ 他们先去看电影，然后去吃饭吗？

＿＿＿＿＿＿＿＿＿＿＿＿＿＿＿＿＿＿＿＿＿＿＿＿＿＿＿＿＿＿＿＿

会話編 単語索引

*数字は課数を表す。「ポ」はポイントを意味する。

贈る、送る	送	sòng	13
おごる、客を招く	请客	qǐngkè	8
教える	教	jiāo	15
教える、知らせる、言う			
	告诉	gàosu	15ポ
遅い	慢	màn	8ポ
お尋ねします	请问	qǐngwèn	11ポ
弟	弟弟	dìdi	10ポ
(尊敬して相手の姓を尋ねる場合の)お名前は			
	贵姓	guì xìng	6ポ
おはようございます。			
	早上好	zǎoshang hǎo	7
お盆	盂兰盆节	Yúlánpénjié	22
泳ぐ	游	yóu	14ポ
泳ぐ、泳ぎ	游泳	yóuyǒng	14
…及ばない	不如	bùrú	18ポ
終わる、尽きる	完	wán	13
音楽	音乐	yīnyuè	17
音読する	念	niàn	22ポ

か

会議	会议	huìyì	12ポ
会議をする、会議に出る			
	开会	kāihuì	14ポ
会社	公司	gōngsī	12ポ
買う	买	mǎi	10
返す、返却する	还	huán	19ポ
帰っていく	回去	huíqù	19
帰る、戻る	回	huí	19ポ
顔を合わせる、会う	见面	jiànmiàn	12ポ
(水などが)かかる、濡れる			
	淋	lín	24ポ
かかる	要	yào	12
書く	写	xiě	10ポ
学習する、学ぶ、勉強する			
	学习	xuéxí	19ポ
学生	学生	xuésheng	6ポ
(電話を)かける、(球技を)する			
	打	dǎ	10ポ
掛ける、掛かる	挂	guà	20ポ
傘	雨伞	yǔsǎn	10ポ

風邪を引く、風邪	感冒	gǎnmào	14
…月	月	yuè	9
学校	学校	xuéxiào	11
買っておく	买好	mǎihǎo	23
活動、イベント	活动	huódòng	14ポ
カバン	书包	shūbāo	7ポ
壁	墙	qiáng	20ポ
…から	从	cóng	12
…から、…まで	离	lí	12
カラオケ	卡拉OK	Kǎlā ok	20
体、身体	身体	shēntǐ	14ポ
借りる	借	jiè	10ポ
カレーライス	咖喱饭	gālífàn	8
歓迎する	欢迎	huānyíng	16
観光客	游客	yóukè	22
観光スポット、名所	景点	jǐngdiǎn	22
変化や完了を表す	了	le	14

き

聴く	听	tīng	17
帰宅する	回家	huí jiā	15ポ
きっと	一定	yídìng	22
切符、チケット	票	piào	10ポ
昨日	昨天	zuótiān	9ポ
客、ゲスト	客人	kèrén	20ポ
今日	今天	jīntiān	9ポ
教科書の本文	课文	kèwén	22ポ
餃子	饺子	jiǎozi	15ポ
京都	京都	Jīngdū	15
きれいだ	漂亮	piàoliang	8
銀行	银行	yínháng	11

く

空港	机场	jīchǎng	10ポ
クール、かっこいい	酷	kù	8
薬	药	yào	14
ください、注文する	来	lái	19
ください …したい、しなければならない			
	要	yào	16
果物	水果	shuǐguǒ	18ポ
くだる、降りる	下	xià	19ポ

283

NOTE

著者

金縄　初美

単　　艾婷

王　　宇南

新谷　秀明

韓　　景旭

梅村　　卓

表紙デザイン　　　　メディアアート
本文デザイン　　　　小熊未央
本文イラスト　　　　小熊未央　メディアアート
音声吹込　　　　　　毛興華　劉セイラ　王英輝

うきうき入門中国語

| 検印省略 | © 2024 年 1 月 31 日　第 1 版　発行 |

著　者	金縄　初美
	単　　艾婷
	王　　宇南
	新谷　秀明
	韓　　景旭
	梅村　　卓

発行者　　　　　　　　　　　　小　川　洋　一　郎
発行所　　　　　　　　　　株式会社 朝 日 出 版 社
〒 101-0065　東京都千代田区西神田 3-3-5
電話 (03) 3239-0271・72 (直通)
振替口座　東京　00140-2-46008
欧友社／図書印刷
http://www.asahipress.com